書いて定着

アウトプット専用題集

JN024989

語 文法

もくじ

本書の特長と使い方

本書は，成績アップの壁を打ち破るため，問題を解いて解いて解きまくるためのアウトプット専用問題集です。

次のように感じたことのある人はいませんか？

- ☑ 授業は理解できる
  ➡ **でも問題が解けない！**
- ☑ あんなに手ごたえ十分だったのに
  ➡ **テスト結果がひどかった**
- ☑ マジメにがんばっているけれど
  ➡ **ぜんぜん成績が上がらない**

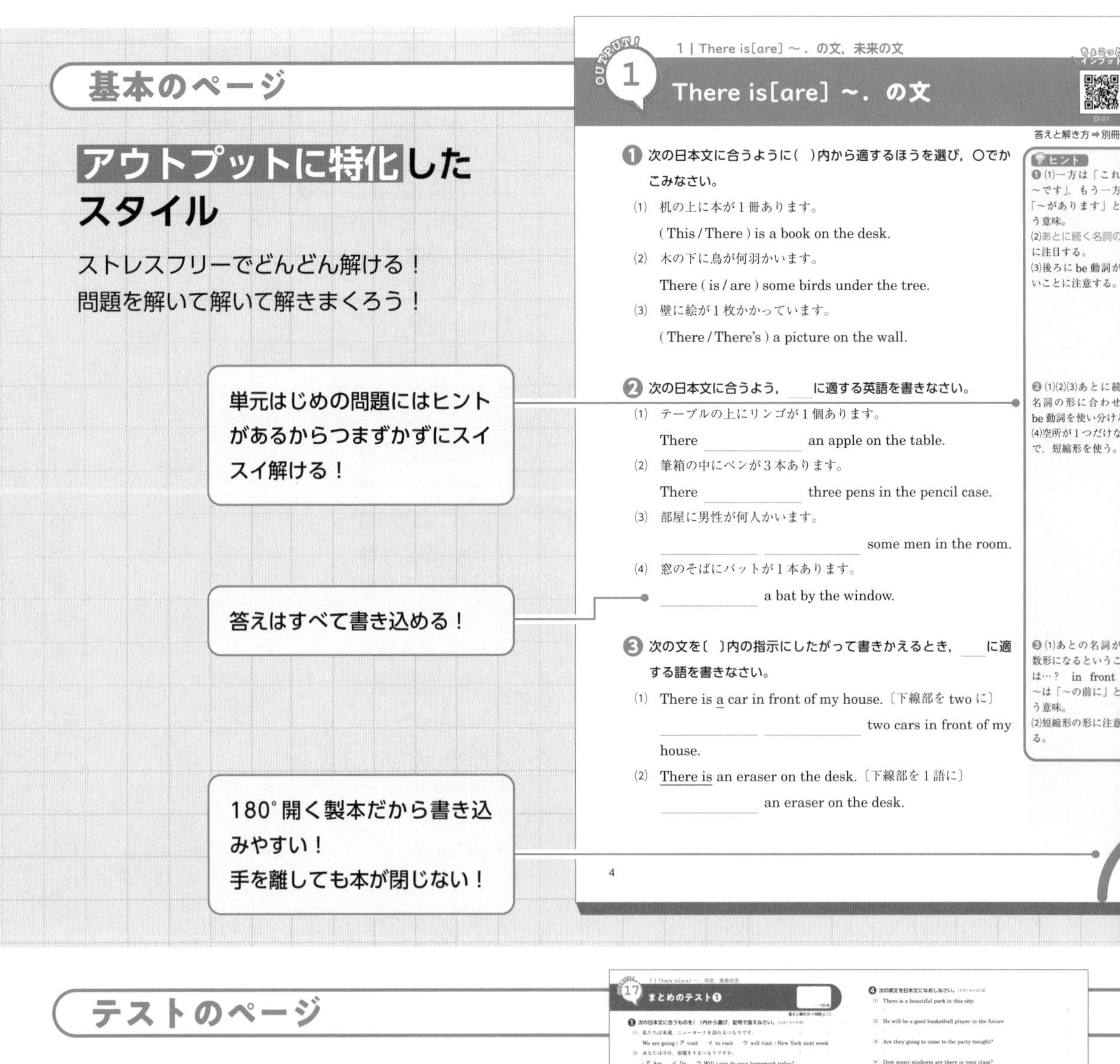

テストのページ

まとめのテスト

数単元ごとに設けています。
これまでに学んだ単元で重要なタイプの問題を掲載しているので，復習に最適です。点数を設定しているので，定期テスト前の確認や自分の弱点強化にも使うことができます。

原因は実際に問題を解くという

アウトプット不足

です。

本書ですべて解決できます！

4 次の英文を日本文になおしなさい。

(1) There is a ball under the table.
(　　　　　　　　　　　　　　　　　　)

(2) There are five eggs in the box.
(　　　　　　　　　　　　　　　　　　)

(3) There are a lot of students in the gym.
(　　　　　　　　　　　　　　　　　　)

(4) There's a bag by the chair.
(　　　　　　　　　　　　　　　　　　)

5 次の日本文に合う英文になるように，(　)内の語句を並べかえなさい。
[文頭の文字も小文字になっていることがあります]

(1) 机の上に鉛筆が１本あります。(on / is / pencil / there / the desk / a / .)

(2) 駅の近くにレストランがいくつかあります。
(are / the station / some / there / near / restaurants / .)

(3) 私のかばんの中にノートが１冊あります。
(notebook / my bag / a / in / there's / .)

6 次の日本文を英文になおしなさい。ただし，指定された語数で書くこと。また，数字も英語で書くこと。

(1) ベッドの上にネコが２ひきいます。〔７語〕

(2) 窓のそばにギターが１本あります。〔７語〕

(3) 私たちの市には動物園が１つあります。〔６語〕

(4) 公園にたくさんの人がいます。〔７語〕

らくらくマルつけ

5

スマホを使うサポートも万全！

＼ちょこっとインプット／

わからないことがあったら，QRコードを読みとってスマホやタブレットでサクッと確認できる！

＼らくらくマルつけ／

QRコードを読みとれば，解答が印字された紙面が手軽に見られる！

※くわしい解説を見たいときは別冊をチェック！

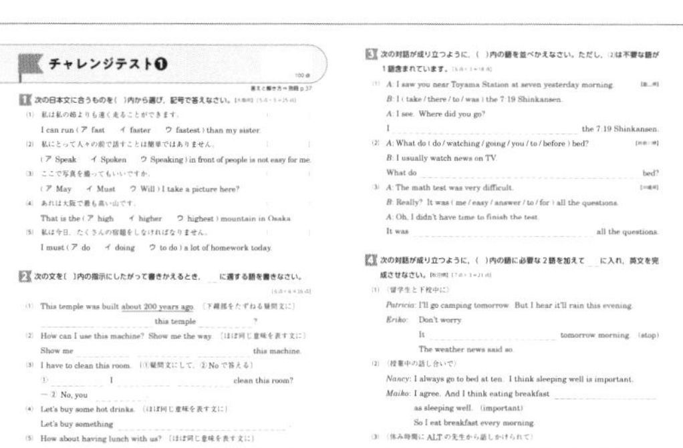

チャレンジテスト

巻末に２回設けています。
簡単な高校入試の問題も扱っているので，自身の力試しに最適です。
入試前の「仕上げ」として時間を決めて取り組むことができます。

●「ちょこっとインプット」「らくらくマルつけ」は無料でご利用いただけますが，通信料金はお客様のご負担となります。●すべての機器での動作を保証するものではありません。●やむを得ずサービス内容に変更が生じる場合があります。● QR コードは(株) デンソーウェーブの登録商標です。

There is[are] ～．の文

答えと解き方➡別冊 p.2

❶ 次の日本文に合うように(　)内から適するほうを選び，○でかこみなさい。

(1) 机の上に本が１冊あります。
(This / There) is a book on the desk.

(2) 木の下に鳥が何羽かいます。
There (is / are) some birds under the tree.

(3) 壁に絵が１枚かかっています。
(There / There's) a picture on the wall.

❷ 次の日本文に合うよう，＿＿に適する英語を書きなさい。

(1) テーブルの上にリンゴが１個あります。
There ＿＿＿＿＿ an apple on the table.

(2) 筆箱の中にペンが３本あります。
There ＿＿＿＿＿ three pens in the pencil case.

(3) 部屋に男性が何人かいます。
＿＿＿＿＿ ＿＿＿＿＿ some men in the room.

(4) 窓のそばにバットが１本あります。
＿＿＿＿＿ a bat by the window.

❸ 次の文を〔　〕内の指示にしたがって書きかえるとき，＿＿に適する語を書きなさい。

(1) There is a car in front of my house.〔下線部を two に〕
＿＿＿＿＿ ＿＿＿＿＿ two cars in front of my house.

(2) There is an eraser on the desk.〔下線部を１語に〕
＿＿＿＿＿ an eraser on the desk.

ヒント

❶ (1)一方は「これは～です」，もう一方は「～があります」という意味。
(2)あとに続く名詞の形に注目する。
(3)後ろに be 動詞がないことに注意する。

❷ (1)(2)(3)あとに続く名詞の形に合わせて be 動詞を使い分ける。
(4)空所が１つだけなので，短縮形を使う。

❸ (1)あとの名詞が複数形になるということは…？ in front of ～は「～の前に」という意味。
(2)短縮形の形に注意する。

❹ 次の英文を日本文になおしなさい。

(1) There is a ball under the table.

(　　　　　　　　　　　　　　　　　　　　　　　　)

(2) There are five eggs in the box.

(　　　　　　　　　　　　　　　　　　　　　　　　)

(3) There are a lot of students in the gym.

(　　　　　　　　　　　　　　　　　　　　　　　　)

(4) There's a bag by the chair.

(　　　　　　　　　　　　　　　　　　　　　　　　)

❺ 次の日本文に合う英文になるように，(　)内の語句を並べかえなさい。

[文頭の文字も小文字になっていることがあります]

(1) 机の上に鉛筆が１本あります。(on / is / pencil / there / the desk / a / .)

(2) 駅の近くにレストランがいくつかあります。

(are / the station / some / there / near / restaurants / .)

(3) 私のかばんの中にノートが１冊あります。

(notebook / my bag / a / in / there's / .)

❻ 次の日本文を英文になおしなさい。ただし，指定された語数で書くこと。また，数字も英語で書くこと。

(1) ベッドの上にネコが２ひきいます。〔７語〕

(2) 窓のそばにギターが１本あります。〔７語〕

(3) 私たちの市には動物園が１つあります。〔６語〕

(4) 公園にたくさんの人がいます。〔７語〕

らくらく
マルつけ

Da-01

There is[are] ～. の否定文

Di-02

答えと解き方➡別冊 p.2

❶ 次の日本文に合うように(　)内から適するほうを選び，〇でかこみなさい。

(1) かばんの中にペンはありません。

There (isn't / aren't) a pen in the bag.

(2) 部屋にいすは1つもありません。

There aren't (some / any) chairs in the room.

(3) 私の家の近くにコンビニエンスストアは1軒もありません。

There (are / aren't) no convenience stores near my house.

ヒント

❶ (1)あとに続く名詞の形に注目する。
(2) **some** は肯定文，**any** は否定文や疑問文で使われる。
(3)あとに **no**「1つも～ない」という語があることに注意する。

❷ 次の日本文に合うよう，____に適する英語を書きなさい。

(1) テーブルの上にオレンジはありません。

There ________ an orange on the table.

(2) ここに鳥は1羽もいません。

There ________ not ________ birds here.

(3) この町に博物館は1つもありません。

There ________ ________ museums in this town.

❷ (1)あとに続く名詞は単数。
(2)(3)あとに続く名詞は複数。

❸ 次の文を否定文に書きかえるとき，____に適する語を書きなさい。

(1) There is a picture on the wall.

There ________ ________ a picture on the wall.

(2) There are some boys in the park.

There are ________ ________ boys in the park.

(3) There are some cats by the chair.

There ________ ________ cats by the chair.

❸ (1)否定文の作り方は **be** 動詞の文と同じ。
(2) some は否定文になるとどうかわる？
(3)空所の数に注意する。

❹ 次の英文を日本文になおしなさい。

(1) There is not a library near the school.

(　　　　　　　　　　　　　　　　　　　　)

(2) There aren't any students in the classroom.

(　　　　　　　　　　　　　　　　　　　　)

(3) There isn't a clock on the wall.

(　　　　　　　　　　　　　　　　　　　　)

(4) There are no tall trees in the park.

(　　　　　　　　　　　　　　　　　　　　)

❺ 次の日本文に合う英文になるように，(　)内の語句を並べかえなさい。

［文頭の文字も小文字になっていることがあります］

(1) 机の中に辞書はありません。(isn't / in / dictionary / the desk / there / a / .)

(2) 通りに車は1台もありません。(any / there / aren't / cars / the street / on / .)

(3) 冷蔵庫に卵は1つもありません。

(eggs / are / in / no / there / the refrigerator / .)

❻ 次の日本文を英文になおしなさい。ただし，(　)内の語を使って，指定された語数で書くこと。

(1) テーブルの上にタマネギはありません。(an)〔8語〕

(2) 庭に花は1本もありません。(any)〔8語〕

(3) このあたりにホテルはありません。(no, hotel, around)〔6語〕

(4) いすの下にイヌはいません。(isn't)〔7語〕

らくらくマルつけ

Da-02

There is[are] ～. の疑問文と答え方

答えと解き方➡別冊 p.3

❶ 次の日本文に合うように(　)内から適するほうを選び，○でかこみなさい。

(1) あなたの部屋にコンピューターはありますか。

(Is / Are) there a computer in your room?

(2) 池の周りに子どもはいますか。

(Is / Are) there any children around the pond?

(3) 棚(たな)に人形はありますか。

Is there (any dolls / a doll) on the shelf?

❷ ＿＿に適する語を書いて，答えの文を完成させなさい。

(1) Is there an amusement park in this city?

— Yes, there ＿＿＿＿.

(2) Are there any English books in this library?

— Yes, ＿＿＿＿ ＿＿＿＿.

(3) Are there any bikes in front of the post office?

— ＿＿＿＿, ＿＿＿＿ aren't.

❸ 次の文を疑問文に書きかえるとき，＿＿に適する語を書きなさい。

(1) There is a dog on the sofa.

＿＿＿＿ there a dog on the sofa?

(2) There are some girls by the door.

＿＿＿＿ ＿＿＿＿ any girls by the door?

(3) There are some apples in the box.

＿＿＿＿ ＿＿＿＿ ＿＿＿＿ apples in the box?

ヒント

❶ (1)(2)あとの名詞の形に注目する。pond は「池」という意味。
(3) be 動詞に注目する。shelf は「棚」という意味。

❷ (1) Is there ～? の文に Yes で答えている。amusement park は「遊園地」という意味。
(2) Are there ～? の文に Yes で答えている。
(3) aren't と否定を表す語がある。

❸ (1)(2) There is[are] ～. の疑問文の作り方は be 動詞の文と同じ。
(3) some は疑問文になるとどうかわる？

4 次の英文を日本文になおしなさい。

(1) Is there an eraser in your pencil case?

( )

(2) Are there any students in the library?

( )

(3) Are there any good restaurants near here?

( )

(4) Is there a watch on the desk?

( )

5 次の日本文に合う英文になるように，( )内の語句を並べかえなさい。

[文頭の文字も小文字になっていることがあります]

(1) いすの上にネコはいますか。(the chair / is / cat / there / a / on / ?)

(2) 壁に絵はかかっていますか。(pictures / on / there / the wall / are / any / ?)

(3) あなたの学校にはたくさんの生徒がいますか。

(there / your school / students / are / in / many / ?)

(4) 駅の近くに銀行はありますか。(a / near / is / the station / there / bank / ?)

6 次の日本文を英文になおしなさい。

(1) あなたの部屋にピアノは(1台)ありますか。

(2) ((1)の答えとして)はい，あります。

(3) 机の上に本は何冊かありますか。

(4) ((3)の答えとして)いいえ，ありません。

らくらくマルつけ

Da-03

There was[were] ～. の文

答えと解き方➡別冊 p.3

❶ 次の日本文に合うものを(　)内から選び，記号で答えなさい。

(1) テーブルの上にかぎが1つありました。　(　　　)
There (ア is　イ are　ウ was) a key on the table.

(2) 窓のそばにラケットが2本ありました。　(　　　)
There (ア is　イ was　ウ were) two rackets by the window.

(3) 庭に鳥が何羽かいました。　(　　　)
There (ア are　イ were　ウ was) some birds in the garden.

ヒント
❶ (1)「ありました」という過去の文。key は「かぎ」という意味。
(2)(3)あとに続く名詞の形に注目する。

❷ 次の日本文に合うよう，＿＿に適する英語を書きなさい。

(1) いすの下にペンが1本ありました。
There ＿＿＿＿ a pen under the chair.

(2) かごの中にサンドイッチが1つありました。
＿＿＿＿ ＿＿＿＿ a sandwich in the basket.

(3) 学校の前に車が何台かありました。
＿＿＿＿ ＿＿＿＿ some cars in front of the school.

❷ (1)あとに続く名詞の形に合わせて be 動詞を使い分ける。
(2) basket は「かご」という意味。

❸ 次の文を〔　〕内の指示にしたがって書きかえるとき，＿＿に適する語を書きなさい。

(1) There is a glass on the table.〔過去の文に〕
＿＿＿＿ ＿＿＿＿ a glass on the table.

(2) There was <u>a</u> rabbit in the cage.〔下線部を some に〕
＿＿＿＿ ＿＿＿＿ some rabbits in the cage.

❸ (1) be 動詞を過去形にする。glass は「コップ，グラス」という意味。
(2)あとの名詞が複数形になるということは…？　cage は「(動物の)かご，ケージ」という意味。

4 次の英文を日本文になおしなさい。

(1) There was a boy in the park.

(　　　　　　　　　　　　　　　　　　　　　　　　　)

(2) There was an old computer on the desk.

(　　　　　　　　　　　　　　　　　　　　　　　　　)

(3) There were some cats under the tree.

(　　　　　　　　　　　　　　　　　　　　　　　　　)

(4) There were one hundred people at the party.

(　　　　　　　　　　　　　　　　　　　　　　　　　)

5 次の日本文に合う英文になるように，(　)内の語句を並べかえなさい。

[文頭の文字も小文字になっていることがあります]

(1) ベッドの上にぼうしが1つありました。(on / there / a / the bed / cap / was / .)

____

(2) ここに病院がありました。(was / here / hospital / there / a / .)

____

(3) 駅の前に何人かの生徒がいました。

(front of / were / there / the station / students / in / some / .)

____

6 次の日本文を英文になおしなさい。

(1) テーブルの下にかばんが1つありました。

____

(2) 床の上にノートが何冊かありました。

____

(3) 体育館にたくさんの子どもがいました。

____

(4) 木のそばに女性が1人いました。

____

らくらく
マルつけ

Da-04

There was[were] ～. の否定文

Di-05

答えと解き方➡別冊 p.4

❶ 次の日本文に合うように(　)内から適するほうを選び，○でかこみなさい。

(1) 真紀(まき)の机の中に本はありませんでした。

There (isn't / wasn't) a book in Maki's desk.

(2) 壁に絵は1枚もかかっていませんでした。

There weren't (some / any) pictures on the wall.

(3) 教室に生徒は1人もいませんでした。

There (were / weren't) no students in the classroom.

❷ 次の日本文に合うよう，＿＿に適する英語を書きなさい。

(1) 部屋にテレビはありませんでした。

There ＿＿＿＿ ＿＿＿＿ a TV in the room.

(2) 池にカエルは1ぴきもいませんでした。

There ＿＿＿＿ ＿＿＿＿ any frogs in the pond.

(3) 箱の中にボールは1つもありませんでした。

There ＿＿＿＿ ＿＿＿＿ balls in the box.

❸ 次の文を否定文に書きかえるとき，＿＿に適する語を書きなさい。

(1) There was a boy by the gate.

There ＿＿＿＿ ＿＿＿＿ a boy by the gate.

(2) There were some apples in the basket.

There ＿＿＿＿ ＿＿＿＿ ＿＿＿＿ apples in the basket.

(3) There were some flowers in the vase.

There ＿＿＿＿ ＿＿＿＿ flowers in the vase.

ヒント

❶ (1)「ありませんでした」という過去の文。
(2)否定文で使われる語を考える。
(3)あとに no「1つも～ない」という語があることに注意する。

❷ (1)あとに続く名詞は単数。
(2)(3)あとに続く名詞は複数。

❸ (1)否定文の作り方はbe動詞の文と同じ。gate は「門」という意味。
(2) some は否定文になるとどうかわる？
(3)空所の数に注意する。vase は「花びん」という意味。

❹ 次の英文を日本文になおしなさい。

(1) There was not a piano in her room.

(　　　　　　　　　　　　　　　　　　　　　　　　　　　　　　)

(2) There were not any cars on the street.

(　　　　　　　　　　　　　　　　　　　　　　　　　　　　　　)

(3) There wasn't a dog under the tree.

(　　　　　　　　　　　　　　　　　　　　　　　　　　　　　　)

(4) There were no letters in the mailbox.

(　　　　　　　　　　　　　　　　　　　　　　　　　　　　　　)

❺ 次の日本文に合う英文になるように，(　)内の語句を並べかえなさい。

[文頭の文字も小文字になっていることがあります]

(1) 会議室にいすは1つもありませんでした。

(chairs / weren't / in / any / there / the meeting room / .)

____

(2) 学校にプールはありませんでした。(the school / was / pool / at / a / there / not / .)

____

(3) 台所に包丁は1本もありませんでした。

(knives / there / the kitchen / no / in / were / .)

____

❻ 次の日本文を英文になおしなさい。ただし，(　)内の語を使って，指定された語数で書くこと。

(1) 私の家の近くに映画館はありませんでした。(not, a)〔8語〕

____

(2) 棚に本は1冊もありませんでした。(no, books)〔7語〕

____

(3) 彼の部屋にコンピューターはありませんでした。(a)〔7語〕

____

(4) 動物園にパンダは1頭もいませんでした。(any)〔7語〕

____

らくらく
マルつけ

Da-05

There was[were] ～. の疑問文と答え方

Di-06

答えと解き方➡別冊 p.5

1 次の日本文に合うように( )内から適するほうを選び，○でかこみなさい。

(1) 10 年前，この市に動物園はありましたか。

(Is / Was) there a zoo in this city ten years ago?

(2) そのとき，通りにたくさんの人はいましたか。

(Were / Was) there many people on the street then?

(3) 机の中に教科書はありましたか。

Were there (any textbooks / a textbook) in the desk?

ヒント

1 (1)過去を表す語句に注目する。
(2)あとの名詞に注目する。
(3) be 動詞に注目する。

2 ＿＿に適する語を書いて，答えの文を完成させなさい。

(1) Was there a clock on the wall?

— Yes, there ＿＿＿＿＿＿.

(2) Were there any American teachers in your elementary school?

— Yes, ＿＿＿＿＿＿ ＿＿＿＿＿＿.

(3) Was there a swing in this park last year?

— No, ＿＿＿＿＿＿ ＿＿＿＿＿＿.

2 (1) Was there ～? の文に Yes で答えている。
(2) Were there ～? の文に Yes で答えている。**elementary school** は「小学校」という意味。
(3) Was there ～? の文に No で答えている。swing は「ブランコ」という意味。

3 次の文を疑問文に書きかえるとき，＿＿に適する語を書きなさい。

(1) There was an orange on the table.

＿＿＿＿＿＿ there an orange on the table?

(2) There were some Japanese books in Emma's room.

＿＿＿＿＿＿ ＿＿＿＿＿＿ any Japanese books in Emma's room?

(3) There were some fish in the river.

＿＿＿＿＿＿ ＿＿＿＿＿＿ ＿＿＿＿＿＿ fish in the river?

3 (1)(2) There was [were] ～. の疑問文の作り方は be 動詞の文と同じ。
(3) some は疑問文になるとどうかわる？

4 次の英文を日本文になおしなさい。

(1) Were there any bags under the table?

(　　　　　　　　　　　　　　　　　　　　　　　　　　　　)

(2) Was there a large park around here?

(　　　　　　　　　　　　　　　　　　　　　　　　　　　　)

(3) Was there a foreign student in your class?

(　　　　　　　　　　　　　　　　　　　　　　　　　　　　)

(4) Were there any dictionaries in the library?

(　　　　　　　　　　　　　　　　　　　　　　　　　　　　)

5 次の日本文に合う英文になるように，(　)内の語句を並べかえなさい。

[文頭の文字も小文字になっていることがあります]

(1) 彼の机の上にペンはありましたか。

(a / was / his desk / pen / on / there / ?)

(2) その本に難しい単語はありましたか。

(there / in / words / the book / difficult / any / were / ?)

(3) 庭にたくさんの花はありましたか。

(a lot / the garden / were / flowers / of / there / in / ?)

6 次の日本文を英文になおしなさい。

(1) パーティーに有名な俳優は何人かいましたか。

(2) ((1)の答えとして)はい，いました。

(3) そのとき，木の下に白いイヌは(1ぴき)いましたか。

(4) ((3)の答えとして)いいえ，いませんでした。

らくらくマルつけ

Da-06

〈How many＋名詞＋are there ～?〉

答えと解き方➡別冊 p.5

❶ 次の日本文に合うように(　)内から適するほうを選び，○でかこみなさい。

(1) 机の上に本は何冊ありますか。

How many (book / books) are there on the desk?

(2) この学校に生徒は何人いますか。

How many students (is / are) there in this school?

❷ 次の日本文に合うよう，＿＿に適する英語を書きなさい。

(1) あなたの筆箱の中にペンは何本ありますか。

＿＿＿ ＿＿＿ pens are

＿＿＿ in your pencil case?

(2) 公園に男の子は何人いましたか。

How ＿＿＿ boys ＿＿＿

＿＿＿ in the park?

❸ 次の文を下線部をたずねる疑問文に書きかえるとき，＿＿に適する語を書きなさい。

(1) There are two dogs under the table.

＿＿＿ ＿＿＿ dogs ＿＿＿

there under the table?

(2) There were six peaches in the box.

＿＿＿ many peaches ＿＿＿

＿＿＿ in the box?

(3) There was a picture on the wall.

How many ＿＿＿ ＿＿＿

＿＿＿ on the wall?

ヒント

❶ (1) many のあとの名詞の形は？
(2)前の名詞の形に注目する。

❷〈How many＋名詞〉のあとは，There are[were] ～. の疑問文の語順を続ける。

❸ 下線部を「いくつ」とたずねる文にする。
(3)名詞の形に注意する。

❹ 次の英文を日本文になおしなさい。

(1) How many libraries are there in this city?

(　　　　　　　　　　　　　　　　　　　　　　　　)

(2) How many buses are there in front of the station?

(　　　　　　　　　　　　　　　　　　　　　　　　)

(3) How many eggs were there in the refrigerator?

(　　　　　　　　　　　　　　　　　　　　　　　　)

(4) How many people were there at the party?

(　　　　　　　　　　　　　　　　　　　　　　　　)

❺ 次の日本文に合う英文になるように，(　)内の語句を並べかえなさい。

[文頭の文字も小文字になっていることがあります]

(1) この部屋にコンピューターは何台ありますか。

(computers / there / in / many / this room / how / are / ?)

____

(2) 本棚に小説は何冊ありましたか。

(were / on / how / novels / there / the bookshelf / many / ?)

____

(3) サッカー部に選手は何人いますか。

(the soccer team / many / are / players / how / there / on / ?)

____

❻ 次の日本文を英文になおしなさい。

(1) あなたの学校に先生は何人いますか。

____

(2) あなたの家の前に自転車は何台ありましたか。

____

(3) ドアのそばに箱はいくつありますか。

____

(4) ベンチの上に鳥は何羽いましたか。

____

らくらく マルつけ

Da-07

〈will＋be 動詞〉の文

答えと解き方➡別冊 p.6

❶ 次の日本文に合うように(　)内から適するほうを選び，○でかこみなさい。

(1) 私は明日，いそがしいでしょう。

I will (am / be) busy tomorrow.

(2) 今日の午後は雨が降るでしょう。

It (will / is) be rainy this afternoon.

(3) あなたは将来，よい教師になるでしょう。

(You / You'll) be a good teacher in the future.

❷ 次の日本文に合うよう，____に適する英語を書きなさい。

(1) 私は来週，14 歳になります。

I ________ be fourteen years old next week.

(2) 明日，東京は晴れるでしょう。

It will ________ sunny in Tokyo tomorrow.

(3) 彼は今度の土曜日，ひまでしょう。

He ________ ________ free next Saturday.

(4) 私たちは明日，大阪にいるでしょう。

________ be in Osaka tomorrow.

❸ 次の文を〔　〕内の指示にしたがって書きかえるとき，____に適する語を書きなさい。

(1) They are musicians.

〔文末に in the future をつけ加えて未来の文に〕

They ________ ________ musicians in the future.

(2) I will be in New York next month.〔下線部を 1 語に〕

________ be in New York next month.

ヒント

❶ (1)助動詞のあとは動詞の原形が続く。tomorrow は「明日」という意味。
(2)後ろに be 動詞の原形 be が続いている。
(3)後ろに be が続いている。in the future は「将来」という意味。

❷ (1) next week「来週」という未来のことを表す文。
(2)(3)助動詞のあとの動詞の形に注意する。
(4)空所が 1 つだけなので，短縮形を使う。

❸ (1)「～だろう」と未来の予測を表す文にする。musician は「音楽家」という意味。

4 次の英文を日本文になおしなさい。

(1) It will be cloudy next Saturday.

(　　　　　　　　　　　　　　　　)

(2) I will be a nurse in the future.

(　　　　　　　　　　　　　　　　)

(3) She'll be surprised.

(　　　　　　　　　　　　　　　　)

(4) They'll be high school students next year.

(　　　　　　　　　　　　　　　　)

5 次の日本文に合う英文になるように，(　)内の語句を並べかえなさい。

[文頭の文字も小文字になっていることがあります]

(1) 私は明日，ひまでしょう。(free / I / tomorrow / be / will / .)

____

(2) 彼はサッカー選手になるでしょう。(be / he / player / will / soccer / a / .)

____

(3) 今度の月曜日は寒くなるでしょう。(Monday / be / next / it'll / cold / .)

____

(4) 私たちは今夜，家にいるつもりです。(we'll / tonight / at home / be / .)

____

6 次の日本文を英文になおしなさい。ただし，指定された語数で書くこと。また，数字も英語で書くこと。

(1) あなたは明日，8歳になります。〔7語〕

____

(2) 私は科学者になるつもりです。〔4語〕

____

(3) 今度の水曜日は晴れでしょう。〔6語〕

____

(4) 彼は今日の午後，いそがしいでしょう。〔5語〕

____

らくらく
マルつけ
Da-08

〈will＋一般動詞〉の文

Di-09

答えと解き方➡別冊 p.6

❶ 次の日本文に合うように(　)内から適するほうを選び，○でかこみなさい。

(1) 私は明日，長野を訪れるつもりです。

I (will / can) visit Nagano tomorrow.

(2) 翔太(しょうた)は今日，図書館に行くでしょう。

Shota will (goes / go) to the library today.

(3) 彼らは放課後，野球を練習するでしょう。

They'll (will practice / practice) baseball after school.

❷ 次の日本文に合うよう，＿＿に適する英語を書きなさい。

(1) 私は夕食を作るつもりです。

I ＿＿＿＿＿＿ make dinner.

(2) ハンナは明日，日本語を勉強するでしょう。

Hanna will ＿＿＿＿＿＿ Japanese tomorrow.

(3) 私たちは今週末，テニスをするつもりです。

We ＿＿＿＿＿＿ ＿＿＿＿＿＿ tennis this weekend.

(4) 彼はこの本を買うでしょう。

＿＿＿＿＿＿ ＿＿＿＿＿＿ this book.

❸ 次の文を〔　〕内の指示にしたがって書きかえるとき，＿＿に適する語を書きなさい。

(1) I watch TV.〔「～するつもりです」という未来の文に〕

I ＿＿＿＿＿＿ ＿＿＿＿＿＿ TV.

(2) She listens to music.〔「～するでしょう」という未来の文に〕

＿＿＿＿＿＿ ＿＿＿＿＿＿ to music.

ヒント

❶ (1)「～するつもりです」という意志を表す。
(2) will のあとの動詞の形は？
(3) They'll が何の短縮形かを考える。

❷ (1)「～するつもりです」という意志を表す。
(2) will のあとの動詞の形に注意する。
(4)空所が2つだけなので，短縮形を使う。

❸ (2)空所の数と動詞の形に注意。

❹ 次の英文を日本文になおしなさい。

(1) I will call my grandmother.

( )

(2) They will use these computers.

( )

(3) We'll join the event tomorrow.

( )

(4) She'll stay home tonight.

( )

❺ 次の日本文に合う英文になるように，( )内の語句を並べかえなさい。

［文頭の文字も小文字になっていることがあります］

(1) 私たちは買い物に行くつもりです。(will / shopping / go / we / .)

(2) あなたはこのプレゼントを気に入るでしょう。(this / you'll / present / like / .)

(3) 彼は今日，自分の部屋を掃除するでしょう。(clean / today / his room / he'll / .)

(4) 私は明日，宿題をするつもりです。(my homework / will / do / tomorrow / I / .)

❻ 次の日本文を英文になおしなさい。ただし，指定された語数で書くこと。

(1) 私は英語を勉強するつもりです。〔4語〕

(2) 彼女はパーティーに行くでしょう。〔6語〕

(3) 彼らは今度の金曜日，テニスをするでしょう。〔5語〕

(4) 彼は今日，私の家に来るでしょう。〔6語〕

らくらく
マルつけ

Da-09

will の否定文

答えと解き方➡別冊 p.7

❶ 次の日本文に合うものを（　）内から選び，記号で答えなさい。

(1) 私は明日，いそがしくないでしょう。　（　　　）

I (ア am not　イ will　ウ will not) be busy tomorrow.

(2) 彼はテレビを見ないでしょう。　（　　　）

He will (ア not watch　イ watch　ウ not watches) TV.

(3) 彼女はここに来ないでしょう。　（　　　）

She (ア doesn't　イ won't　ウ will) come here.

❷ 次の日本文に合うよう，＿＿に適する英語を書きなさい。

(1) 私はコンピューターを使うつもりではありません。

I ＿＿＿＿ ＿＿＿＿ use my computer.

(2) 明日は雪は降らないでしょう。

It ＿＿＿＿ ＿＿＿＿ ＿＿＿＿ snowy tomorrow.

(3) 亮(りょう)は今日，買い物に行かないでしょう。

Ryo ＿＿＿＿ ＿＿＿＿ shopping today.

❸ 次の文を否定文に書きかえるとき，＿＿に適する語を書きなさい。

(1) We will play tennis.

We ＿＿＿＿ ＿＿＿＿ play tennis.

(2) He will study math.

He ＿＿＿＿ ＿＿＿＿ ＿＿＿＿ math.

(3) It'll be hot next Sunday.

It ＿＿＿＿ ＿＿＿＿ hot next Sunday.

ヒント

❶ (1)(2)「～ないでしょう」という否定文。
(3)あとに not がないことに注目。

❷ (1)助動詞の否定文は，助動詞のあとに not を置く。
(2)動詞の形に注意。
(3)空所が2つだけなので，短縮形を使う。

❸ (3) It'll は It will の短縮形。空所の数に注意する。

4 次の英文を日本文になおしなさい。

(1) I will not work today.

(　　　　　　　　　　　　　　　　　　　　　　　　　　)

(2) She will not be free this afternoon.

(　　　　　　　　　　　　　　　　　　　　　　　　　　)

(3) They won't play the guitar.

(　　　　　　　　　　　　　　　　　　　　　　　　　　)

(4) My mother won't wash her car next Sunday.

(　　　　　　　　　　　　　　　　　　　　　　　　　　)

5 次の日本文に合う英文になるように，(　)内の語を並べかえなさい。

[文頭の文字も小文字になっていることがあります]

(1) 北海道は雨ではないでしょう。(not / Hokkaido / rainy / in / it / be / will / .)

(2) 私は彼女と夕食を食べるつもりではありません。

(have / won't / her / I / dinner / with / .)

(3) 彼はお父さんを手伝わないでしょう。(his / he / help / won't / father / .)

6 次の日本文を英文になおしなさい。ただし，指定された語数で書くこと。

(1) 私たちは川で泳ぐつもりではありません。〔7語〕

(2) 私の弟は明日，公園に行かないでしょう。〔8語〕

(3) 私は今夜，この本を読むつもりではありません。〔6語〕

(4) 来週は暖かくならないでしょう。〔7語〕

らくらく
マルつけ

Da-10

will の疑問文と答え方

Di-11

答えと解き方➡別冊 p.7

❶ 次の日本文に合うように（　）内から適するほうを選び，○でかこみなさい。

(1) あなたはピアノを弾くつもりですか。

(Will / Do) you play the piano?

(2) 明日，東京は晴れでしょうか。

(Is / Will) it be sunny tomorrow in Tokyo?

(3) トムは今日，学校に行くでしょうか。

Will Tom (goes / go) to school today?

ヒント

❶ (1)「～するつもりですか」と意志をたずねている。

(2)あとに be があることに注目。

(3) will の文での動詞の形は？

❷ ＿＿に適する語を書いて，答えの文を完成させなさい。

(1) Will you clean your room today?

— Yes, I ＿＿＿＿.

(2) Will Ms. Mori be busy tomorrow?

— Yes, ＿＿＿＿ ＿＿＿＿.

(3) Will they come to the party?

— No, ＿＿＿＿ ＿＿＿＿.

❷ (1) will の疑問文に Yes で答えている。

(2) will の疑問文に Yes で答えている。主語に注意する。

(3) will の疑問文に No で答えている。空所が２つだけなので，短縮形を使う。

❸ 次の文を疑問文に書きかえるとき，＿＿に適する語を書きなさい。

(1) He will practice soccer.

＿＿＿＿ he practice soccer?

(2) You will stay home next Saturday.

＿＿＿＿ you ＿＿＿＿ home next Saturday?

(3) It will be cool this evening.

＿＿＿＿ ＿＿＿＿ ＿＿＿＿ cool this evening?

❸ will の疑問文の作り方は can の文と同じ。

4 次の英文を日本文になおしなさい。

(1) Will you use this bike today?

(　　　　　　　　　　　　　　　　　　　　　　　　　　　　　　)

(2) Will she go shopping with you?

(　　　　　　　　　　　　　　　　　　　　　　　　　　　　　　)

(3) Will the boys study Chinese tomorrow?

(　　　　　　　　　　　　　　　　　　　　　　　　　　　　　　)

(4) Will your little brother be ten years old next week?

(　　　　　　　　　　　　　　　　　　　　　　　　　　　　　　)

5 次の日本文に合う英文になるように，(　)内の語句を並べかえなさい。

[文頭の文字も小文字になっていることがあります]

(1) 彼は来月，ギターを買うでしょうか。(month / he / a guitar / will / next / buy / ?)

＿＿＿＿＿＿＿＿＿＿＿＿＿＿＿＿＿＿＿＿＿＿＿＿＿＿＿＿＿＿

(2) 彼女はイヌを散歩させるでしょうか。(her / will / walk / dog / she / ?)

＿＿＿＿＿＿＿＿＿＿＿＿＿＿＿＿＿＿＿＿＿＿＿＿＿＿＿＿＿＿

(3) あなたは将来，看護師になるつもりですか。

(you / the future / be / in / a nurse / will / ?)

＿＿＿＿＿＿＿＿＿＿＿＿＿＿＿＿＿＿＿＿＿＿＿＿＿＿＿＿＿＿

(4) 明日は雪が降るでしょうか。(be / will / snowy / tomorrow / it / ?)

＿＿＿＿＿＿＿＿＿＿＿＿＿＿＿＿＿＿＿＿＿＿＿＿＿＿＿＿＿＿

6 次の日本文を英文になおしなさい。

(1) あなたは今夜，お姉さんに電話するつもりですか。

＿＿＿＿＿＿＿＿＿＿＿＿＿＿＿＿＿＿＿＿＿＿＿＿＿＿＿＿＿＿

(2) ((1)の答えとして)はい，そうするつもりです。

＿＿＿＿＿＿＿＿＿＿＿＿＿＿＿＿＿＿＿＿＿＿＿＿＿＿＿＿＿＿

(3) 明日，大阪は晴れでしょうか。

＿＿＿＿＿＿＿＿＿＿＿＿＿＿＿＿＿＿＿＿＿＿＿＿＿＿＿＿

(4) ((3)の答えとして)いいえ，晴れではないでしょう。

＿＿＿＿＿＿＿＿＿＿＿＿＿＿＿＿＿＿＿＿＿＿＿＿＿＿＿＿

らくらく
マルつけ

Da-11

疑問詞を使った will の疑問文と答え方

Di-12

答えと解き方➡別冊 p.8

❶ 次の英文の(　)内から適するほうを選び，○でかこみなさい。

(1) (Where / When) will you practice basketball?

— I will practice it next Sunday.

(2) What (do / will) they do after school?

— They will study English.

(3) How many cookies will she make?

— She (makes / will make) thirty cookies.

❷ 次の日本文に合うよう，＿＿に適する英語を書きなさい。

(1) あなたはどこで昼食を食べるつもりですか。

＿＿＿＿ ＿＿＿＿ you have lunch?

(2) 彼らはどうやって動物園に行くでしょうか。

＿＿＿＿ ＿＿＿＿ they ＿＿＿＿ to the zoo?

(3) だれがあなたを手伝うでしょうか。

＿＿＿＿ ＿＿＿＿ ＿＿＿＿ you?

❸ 次の文を下線部をたずねる疑問文に書きかえるとき，＿＿に適する語を書きなさい。

(1) You will make <u>curry</u> for dinner.

＿＿＿＿ ＿＿＿＿ you make for dinner?

(2) The train will arrive <u>at ten</u>.

＿＿＿＿ ＿＿＿＿ ＿＿＿＿ the train arrive?

(3) He will do his homework <u>in his room</u>.

＿＿＿＿ ＿＿＿＿ he ＿＿＿＿ his homework?

ヒント

❶ (1)答えている内容から判断して疑問詞を選ぶ。
(2)答えの文で will が使われている。
(3)疑問文で will が使われている。

❷ (1)(2)疑問詞のあとに **will** の疑問文の語順を続ける。
(3)疑問詞が主語の文では，語順は肯定文と同じ。

❸ (1)作るものをたずねる。
(2) **arrive** は「到着する」という意味。到着する時刻をたずねる。
(3)宿題をする場所をたずねる。

④ 次の英文を日本文になおしなさい。

(1) When will she go to the gym?

(　　　　　　　　　　　　　　　　　　　　　　　　　　　)

(2) What will they watch on TV tonight?

(　　　　　　　　　　　　　　　　　　　　　　　　　　　)

(3) How many notebooks will you buy?

(　　　　　　　　　　　　　　　　　　　　　　　　　　　)

(4) Who will clean this room?

(　　　　　　　　　　　　　　　　　　　　　　　　　　　)

⑤ 次の日本文に合う英文になるように，(　)内の語句を並べかえなさい。

[文頭の文字も小文字になっていることがあります]

(1) あなたはどこで勉強するつもりですか。(you / study / where / will / ?)

____

(2) 彼は明日，なぜ学校に行くのでしょうか。

(go / why / tomorrow / will / to / he / school / ?)

____

(3) 今度の土曜日の天気はどうでしょうか。

(the weather / be / Saturday / how / next / will / ?)

____

⑥ 右の表は瑞希(みずき)の今度の週末の予定です。瑞希になったつもりで，次の質問に答えなさい。ただし，主語と動詞のある文で答えること。

金	公園でテニス
土	ダニエル (Daniel) に電話
日	おじいちゃん・おばあちゃんの家に行く

(1) When will you visit your grandparents?

— ____

(2) Where will you play tennis next Friday?

— ____

(3) Who will you call next Saturday?

— ____

らくらくマルつけ

Da-12

〈be going to＋動詞の原形〉の文

Di-13

答えと解き方➡別冊 p.9

1 次の日本文に合うように(　)内から適するほうを選び，〇でかこみなさい。

(1) 私は今度の夏休みに京都を訪れるつもりです。

I'm (will / going to) visit Kyoto next summer vacation.

(2) メアリーは明日，映画を見るつもりです。

Mary (is / are) going to see a movie tomorrow.

(3) 父は今日，車を使うつもりです。

My father is going to (using / use) his car today.

ヒント

1 (1)前に be 動詞があることに注目。
(2)主語に合わせて be 動詞を使い分ける。
(3) be going to に続く動詞の形は？

2 次の日本文に合うよう，____に適する英語を書きなさい。

(1) 私は母を手伝うつもりです。

I'm ________ ________ help my mother.

(2) 彼は7時に家を出るつもりです。

He ________ ________ ________ leave home at seven.

(3) 私たちは来週，ロンドンに滞在するつもりです。

________ going ________ ________ in London next week.

2 (1)「～するつもり[予定]です」という予定を表す。
(2)主語に合わせて be 動詞を使い分ける。
(3)空所の数に注意して，短縮形を使う。

3 次の文を「～するつもりです」という未来の文に書きかえるとき，____に適する語を書きなさい。

(1) She studies Chinese at university.

She ________ going ________ ________ Chinese at university.

(2) They swim in the pool.

________ ________ to ________ in the pool.

3 (1)動詞の形に注意する。**university** は「大学」という意味。
(2)空所の数に注意して，短縮形を使う。

❹ 次の英文を日本文になおしなさい。

(1) I am going to play volleyball tomorrow.

(　　　　　　　　　　　　　　　　　　　　)

(2) We are going to go to the library.

(　　　　　　　　　　　　　　　　　　　　)

(3) He's going to clean his room this weekend.

(　　　　　　　　　　　　　　　　　　　　)

(4) The students are going to practice the guitar after school.

(　　　　　　　　　　　　　　　　　　　　)

❺ 次の日本文に合う英文になるように，(　)内の語句を並べかえなさい。

[文頭の文字も小文字になっていることがあります]

(1) 私たちは車を買うつもりです。(to / a car / are / going / we / buy / .)

(2) 私は今夜，テレビを見るつもりです。(watch / going / TV / tonight / to / I'm / .)

(3) 彼女は今日，昼食を作るつもりです。(going / today / cook / to / lunch / she's / .)

(4) 裕太(ゆうた)は来年，留学するつもりです。

(is / abroad / Yuta / going / year / study / to / next / .)

❻ 次の日本文を英文になおしなさい。ただし，指定された語数で書くこと。

(1) 彼らは今度の日曜日，学校に行くつもりです。〔9語〕

(2) 私は自分の部屋で勉強するつもりです。〔8語〕

(3) 私たちは今日の午後，テニスをするつもりです。〔7語〕

(4) 真奈(まな)(Mana)はおじさんを訪ねるつもりです。〔7語〕

らくらく
マルつけ

Da-13

〈be going to＋動詞の原形〉の否定文

答えと解き方➡別冊 p.9

❶ 次の日本文に合うように(　)内から適するほうを選び，○でかこみなさい。

(1) 私たちは図書館で勉強するつもりではありません。

We're (not going to / will not) study in the library.

(2) 私は新しい自転車を買うつもりではありません。

I'm (not going to / going to not) buy a new bike.

(3) 彼は夕食を作るつもりではありません。

He (isn't going / won't) to make dinner.

❷ 次の日本文に合うよう，____に適する英語を書きなさい。

(1) 私はこの机を使うつもりではありません。

I ________ ________ going to use this desk.

(2) 彼はパーティーをするつもりではありません。

He ________ ________ ________ have a party.

(3) 彼女はドラムを演奏するつもりではありません。

________ ________ going to ________ the drums.

❸ 次の文を〔　〕内の指示にしたがって書きかえるとき，____に適する語を書きなさい。

(1) I am going to watch TV.〔否定文に〕

I ________ ________ going to watch TV.

(2) We are going to make a cake.〔否定文に〕

________ not ________ to make a cake.

(3) They aren't going to go shopping.〔下線部を Tom に〕

Tom ________ going ________ go shopping.

ヒント

❶ (1)前に be 動詞があることに注目。
(2)否定文の作り方は，be 動詞の文と同じ。
(3)あとに to があることに注目。

❷ 〈be going to＋動詞の原形〉の否定文の作り方は，be 動詞の文と同じ。
(2)(3)空所の数に注意して，短縮形を使う。

❸ (2)空所の数に注意して，短縮形を使う。
(3)主語に合わせて be 動詞をかえる。

4 次の英文を日本文になおしなさい。

(1) I'm not going to visit my aunt tomorrow.

(　　　　　　　　　　　　　　　　　　　　　　　　　　)

(2) She is not going to stay home today.

(　　　　　　　　　　　　　　　　　　　　　　　　　　)

(3) My parents aren't going to wash the car.

(　　　　　　　　　　　　　　　　　　　　　　　　　　)

(4) We're not going to discuss the problem.

(　　　　　　　　　　　　　　　　　　　　　　　　　　)

5 次の日本文に合う英文になるように，(　)内の語句を並べかえなさい。

[文頭の文字も小文字になっていることがあります]

(1) 私たちはそこに歩いていくつもりではありません。

(are / to / there / we / walk / going / not / .)

____

(2) 私は手紙を書くつもりではありません。(to / I'm / going / write / not / a letter / .)

____

(3) 彼らは今夜，外食するつもりではありません。

(eat out / not / to / tonight / they're / going / .)

____

6 次の日本文を英文になおしなさい。ただし，指定された語数で書くこと。

(1) その女の子はパーティーでピアノを弾くつもりではありません。〔11 語〕

____

(2) 私は彼と買い物に行くつもりではありません。〔8 語〕

____

(3) 私たちは今日，勉強するつもりではありません。〔6 語〕

____

(4) 彼女は台所を掃除するつもりではありません。〔8 語〕

____

＼らくらく マルつけ／

Da-14

〈be going to＋動詞の原形〉の疑問文と答え方

答えと解き方➡別冊 p.10

❶ 次の日本文に合うように(　)内から適するほうを選び，○でかこみなさい。

(1) あなたのお父さんはアメリカに滞在するつもりですか。

(Is / Are) your father going to stay in the U.S.?

(2) あなたは野球の試合を見るつもりですか。

(Will / Are) you going to watch the baseball game?

(3) 彼らは祭りに参加するつもりですか。

Are they (going to join / join) the festival?

❷ ＿＿に適する語を書いて，答えの文を完成させなさい。

(1) Are you going to play the violin?

— Yes, I ＿＿＿＿＿＿.

(2) Are you and Mike going to go to the zoo together?

— Yes, ＿＿＿＿＿＿ ＿＿＿＿＿＿.

(3) Is she going to borrow this book?

— No, ＿＿＿＿＿＿ ＿＿＿＿＿＿.

❸ 次の文を疑問文に書きかえるとき，＿＿に適する語を書きなさい。

(1) You are going to visit Tokyo.

＿＿＿＿＿＿ ＿＿＿＿＿＿ going to visit Tokyo?

(2) He is going to sing at the concert.

＿＿＿＿＿＿ he ＿＿＿＿＿＿ to ＿＿＿＿＿＿ at the concert?

(3) They're going to see a friend from high school next week.

＿＿＿＿＿＿ ＿＿＿＿＿＿ going ＿＿＿＿＿＿ see a friend from high school next week?

ヒント

❶ (1)主語に合わせてbe動詞を使い分ける。
(2)あとにgoing toがあることに注目。
(3) be動詞で文が始まっている。

❷ (1) Are you ～? にYesで答えている。
(2) Are you and Mike ～? にYesで答えている。主語に注意する。
(3) Is she ～? にNoで答えている。空所が2つだけなので，短縮形を使う。**borrow**は「～を借りる」という意味。

❸〈be going to＋動詞の原形〉の疑問文の作り方は**be**動詞の文と同じ。
(2) concertは「コンサート」という意味。
(3) a friend from high schoolは「高校時代の友だち」という意味。

❹ 次の英文を日本文になおしなさい。

(1) Are you going to leave home early?

( )

(2) Is he going to cook dinner for his family?

( )

(3) Are they going to do their homework in the library?

( )

(4) Is that girl going to help her teacher?

( )

❺ 次の日本文に合う英文になるように，( )内の語句を並べかえなさい。

[文頭の文字も小文字になっていることがあります]

(1) 彼女は会議に出席するつもりですか。

(meeting / she / going / the / is / attend / to / ?)

____

(2) 彼らは公園で写真を撮るつもりですか。

(going / pictures / are / to / the park / they / take / in / ?)

____

(3) あなたは彼をパーティーに招待するつもりですか。

(invite / to / him / going / you / to / are) the party?

____________________ the party?

❻ 次の日本文を英文になおしなさい。

(1) あなたのお母さんは来週，新潟を訪れる予定ですか。

____

(2) ((1)の答えとして)はい，その予定です。

____

(3) あなたは明日，その手紙を送る予定ですか。

____

(4) ((3)の答えとして)いいえ，その予定ではありません。

____

らくらく
マルつけ

Da-15

疑問詞を使った〈be going to＋動詞の原形〉の疑問文と答え方

Di-16

答えと解き方➡別冊 p.11

❶ 次の英文の( )内から適するほうを選び，○でかこみなさい。

(1) (Where / When) are you going to visit this summer?
— I'm going to visit Okinawa.

(2) What (is / will) he going to have for lunch?
— He's going to have a hamburger.

(3) How are they going to go there?
— (They're / They) going to go there by train.

ヒント
❶ (1)答えている内容から判断して疑問詞を選ぶ。
(2) 答えの文で〈be going to＋動詞の原形〉が使われている。
(3)疑問文で〈be going to＋動詞の原形〉が使われている。

❷ 次の日本文に合うよう，＿＿に適する英語を書きなさい。

(1) あなたはいつ彼を訪ねるつもりですか。
＿＿＿＿ ＿＿＿＿ you going to visit him?

(2) 彼女はだれに会うつもりですか。
＿＿＿＿ ＿＿＿＿ she ＿＿＿＿ to see?

(3) 奈美(なみ)と里佳子(りかこ)は何時にここに来るつもりですか。
What ＿＿＿＿ ＿＿＿＿ Nami and Rikako going to ＿＿＿＿ here?

❷ 疑問詞のあとに〈**be going to**＋動詞の原形〉の疑問文の語順を続ける。

❸ 次の文を下線部をたずねる疑問文に書きかえるとき，＿＿に適する語を書きなさい。

(1) He is going to play soccer <u>after school</u>.
＿＿＿＿ ＿＿＿＿ he going to play soccer?

(2) You are going to <u>go shopping</u> today.
＿＿＿＿ ＿＿＿＿ ＿＿＿＿ going to do today?

(3) We are going to invite <u>ten</u> people to the party.
＿＿＿＿ ＿＿＿＿ people are we going to ＿＿＿＿ to the party?

❸ (1)サッカーをする時をたずねる。
(2)今日することをたずねる。
(3)招待する人数をたずねる。

4 次の英文を日本文になおしなさい。

(1) Where are you going to stay in Japan?

(　　　　　　　　　　　　　　　　　　　　)

(2) How is he going to spend his winter vacation?

(　　　　　　　　　　　　　　　　　　　　)

(3) What songs are they going to sing at the concert?

(　　　　　　　　　　　　　　　　　　　　)

(4) Who is going to do this work?

(　　　　　　　　　　　　　　　　　　　　)

5 次の日本文に合う英文になるように，(　)内の語句を並べかえなさい。
[文頭の文字も小文字になっていることがあります]

(1) 彼女はいつ皿を洗うつもりですか。

(going / is / wash / to / when / the dishes / she / ?)

(2) あなたはだれに電話するつもりですか。(you / call / to / are / going / who / ?)

(3) 彼らは何時に帰宅するつもりですか。

(are / to / time / get / they / going / home / what / ?)

6 右の表は隆志（たかし）の今度の週末の予定です。隆志になったつもりで，次の質問に答えなさい。ただし，主語と動詞のある文で答えること。

金	数学の勉強
土	母を手伝う
日	くつを買いにデパートに行く

(1) When are you going to help your mother?

—

(2) Where are you going to go next Sunday?

—

(3) What are you going to do next Friday?

—

らくらくマルつけ

Da-16

まとめのテスト❶

／100点

答えと解き方➡別冊 p.12

❶ 次の日本文に合うものを(　)内から選び，記号で答えなさい。［2点×4＝8点］

(1) 私たちは来週，ニューヨークを訪れるつもりです。　(　　　)

We are going (ア visit　イ to visit　ウ will visit) New York next week.

(2) あなたは今日，宿題をするつもりですか。　(　　　)

(ア Are　イ Do　ウ Will) you do your homework today?

(3) 彼はここに来ないでしょう。　(　　　)

He (ア isn't　イ won't　ウ will) come here.

(4) あなたの家に絵画はありますか。— はい，あります。　(　　　)

Are there any paintings at your house?

— Yes, (ア there　イ these　ウ they) are.

❷ 次の日本文に合うよう，＿＿に適する英語を書きなさい。［4点×3＝12点］

(1) 私は外出するつもりではありません。

I'm ＿＿＿＿ ＿＿＿＿ to go out.

(2) 部屋に時計が2つありました。

＿＿＿＿ ＿＿＿＿ two clocks in the room.

(3) 明日は暖かいでしょうか。

＿＿＿＿ it ＿＿＿＿ warm tomorrow?

❸ 次の文を〔　〕内の指示にしたがって書きかえるとき，＿＿に適する語を書きなさい。

［4点×3＝12点］

(1) There are some desks in the classroom.〔疑問文に〕

＿＿＿＿ ＿＿＿＿ ＿＿＿＿ desks in the classroom?

(2) She's going to draw a picture at home.〔下線部をたずねる疑問文に〕

＿＿＿＿ ＿＿＿＿ she going to ＿＿＿＿ a picture?

(3) There isn't a cat on the chair.〔文末に an hour ago をつけ加えて〕

＿＿＿＿ ＿＿＿＿ a cat on the chair an hour ago.

❹ 次の英文を日本文になおしなさい。［5点×4＝20点］

(1) There is a beautiful park in this city.

(　　　　　　　　　　　　　　　　　　　　　　　　　　　　　　　　　　　)

(2) He will be a good basketball player in the future.

(　　　　　　　　　　　　　　　　　　　　　　　　　　　　　　　　　　　)

(3) Are they going to come to the party tonight?

(　　　　　　　　　　　　　　　　　　　　　　　　　　　　　　　　　　　)

(4) How many students are there in your class?

(　　　　　　　　　　　　　　　　　　　　　　　　　　　　　　　　　　　)

❺ 次の日本文に合う英文になるように，(　)内の語句を並べかえなさい。［5点×4＝20点］

［文頭の文字も小文字になっていることがあります］

(1) 私たちは家を買うつもりではありません。(going / buy / we / to / aren't / a house / .)

____

(2) その動物園にキリンはいません。(are / in / any / there / giraffes / the zoo / not / .)

____

(3) 東京の天気はどうでしょうか。(Tokyo / will / in / the / how / be / weather / ?)

____

(4) あなたは結婚式に何を着ていくつもりですか。

(to / wear / going / you / what / are) to the wedding?

______________________________ to the wedding?

❻ 次の日本文を英文になおしなさい。ただし，指定された語数で書くこと。［7点×4＝28点］

(1) 彼女は放課後，図書館に行く予定です。〔10語〕

____

(2) テーブルの上にオレンジはいくつかありましたか。〔7語〕

____

(3) 私の兄は来週，いそがしくないでしょう。〔7語〕

____

(4) 彼らは何時に家を出る予定ですか。〔8語〕

____

らくらく
マルつけ

Da-17

接続詞 if，when

Di-18

答えと解き方➡別冊 p.12

1 次の日本文に合うように（ ）内から適するほうを選び，○でかこみなさい。

(1) 私はひまなときに，本を読みます。
I read books (when / if) I'm free.

(2) もし明日雨なら，私たちは家にいるでしょう。
(When / If) it rains, we will stay home.

(3) 駅に着いたら，私はあなたに電話するつもりです。
When I (arrive / will arrive) at the station, I will call you.

ヒント
❶ (1)「～するとき」を表す接続詞。
(2)「もし～なら」を表す接続詞。
(3)〈時〉や〈条件〉を表す副詞節の中では，未来のことは現在形で表す。

2 次の日本文に合うよう，＿＿に適する英語を書きなさい。

(1) もしあなたがいそがしいなら，私があなたを手伝えます。
I can help you ＿＿＿＿＿＿ you are busy.

(2) 彼は５歳のとき，イギリスに住んでいました。
He lived in the U.K. ＿＿＿＿＿＿ he ＿＿＿＿＿＿ five.

(3) もし今度の日曜日が晴れなら，私はハイキングに行くつもりです。
＿＿＿＿＿＿ it ＿＿＿＿＿＿ sunny next Sunday, I'll go hiking.

❷ (1)「もし～なら」を表す語が入る。
(2)「５歳だったとき」という過去のこと。
(3)〈条件〉を表す副詞節の中で，未来のことについて述べている。

3 例にならって，次の２つの文を（ ）内の接続詞を使って１つの英文に書きかえなさい。

［例］ I lived in Kyoto. I was a child. (when)
→ I lived in Kyoto when I was a child.

(1) I saw Mike. I went to the park. (when)

＿＿＿＿＿＿＿＿＿＿＿＿＿＿＿＿＿＿＿＿

(2) Let's go out. You are free. (if)

＿＿＿＿＿＿＿＿＿＿＿＿＿＿＿＿＿＿＿＿

❸ (1)前の文に「～したとき」と説明を加える。
(2)前の文に「もし～なら」と条件を加える。

④ 次の英文を日本文になおしなさい。

(1) When I was a student, I was a soccer player.

(　　　　　　　　　　　　　　　　　　　　　　　　)

(2) He is happy when he talks with his friends.

(　　　　　　　　　　　　　　　　　　　　　　　　)

(3) We won't play tennis if it is rainy tomorrow.

(　　　　　　　　　　　　　　　　　　　　　　　　)

(4) If you know her birthday, please tell me.

(　　　　　　　　　　　　　　　　　　　　　　　　)

⑤ 次の日本文に合う英文になるように，(　)内の語句を並べかえなさい。

[文頭の文字も小文字になっていることがあります]

(1) あなたが私を訪ねたとき，私は風呂に入っていました。

(was / you / when / I / a bath / visited / taking / me / .)

____

(2) もし疲れているなら，早く寝なさい。(to / tired / bed / you / if / go / early / are / , / .)

____

(3) 彼が来たら，私たちは会議を始めるつもりです。

(the meeting / comes / begin / we / he / when / will / , / .)

____

(4) もし今度の週末に時間があれば，私は映画を見るでしょう。

(time / I / a movie / if / I'll / have / watch) next weekend.

______________________________ next weekend.

⑥ 次の日本文を英文になおしなさい。ただし，接続詞で文を始めること。

(1) もし明日雪が降れば，私は買い物に行かないでしょう。

____

(2) あなたが帰宅したとき，お母さんは何をしていましたか。

____

(3) 私がいそがしいとき，彼はいつも私を手伝ってくれます。

____

らくらく
マルつけ

Da-18

DI-19

接続詞 that

答えと解き方➡別冊 p.13

❶ 次の日本文に合うように( )内から適するほうを選び，〇でかこみなさい。

(1) 私は，あなたは親切だと思います。

I think (if / that) you are kind.

(2) あなたは彼が日本に来るということを知っていますか。

Do you know (that / when) he will come to Japan?

(3) 私たちはあなたが手伝ってくれたことがうれしいです。

We are glad (that / when) you helped us.

❷ 次の日本文に合うよう，___に適する英語を書きなさい。

(1) 健(けん)は私が高校生だということを知っています。

Ken knows ________ I am a high school student.

(2) 私は，彼女はここに来ないと思います。

I don't ________ ________ she will come here.

(3) 残念ながら，私は会議に出席できません。

I'm ________ ________ I can't attend the meeting.

❸ 接続詞 that を使って，次の文を( )内の語句に続けて1つの英文に書きかえなさい。

(1) She can speak English well. (I think)

____

(2) You will get well. (I hope)

____

(3) Your son will pass the exam. (I'm sure)

____

ヒント

❶ (1)(2)「～ということ」を表す接続詞。
(3)感情を表す形容詞に「～ということ」が続く。

❷ (1)「～ということ」を表す語が入る。
(2)「～とは思わない」と言いかえて考える。
(3)形容詞のあとに「～ということ」が続く。

❸ (1)「私は～と思います」という意味になる。
(2)「私は～だとよいと思います」という意味になる。get well は「元気になる」という意味。
(3)「私はきっと～だと思います」という意味になる。**pass** は「～に合格する」，exam は「試験」という意味。

4 次の英文を日本文になおしなさい。

(1) I know that Emma is your classmate.

(　　　　　　　　　　　　　　　　　　)

(2) I'm glad that you came to our party.

(　　　　　　　　　　　　　　　　　　)

(3) Do you think he is a good teacher?

(　　　　　　　　　　　　　　　　　　)

(4) I'm afraid you can't play tennis here.

(　　　　　　　　　　　　　　　　　　)

5 次の日本文に合う英文になるように，(　)内の語句を並べかえなさい。

[文頭の文字も小文字になっていることがあります]

(1) 私は，彼女は今日学校に来ると聞いています。

(will / that / to / I / come / today / hear / she / school / .)

(2) この本はきっと役に立つと思います。(that / is / sure / this book / I'm / helpful / .)

(3) 私は，明日は晴れではないと思います。

(sunny / I / be / tomorrow / don't / it / think / will / .)

(4) あなたは彼らがまもなく日本に帰ると知っていますか。

(you / will / to / do / they / know / Japan / return) soon?

________________ soon?

6 次の日本文を英文になおしなさい。ただし，that を使うこと。

(1) 私はジム(Jim)がオーストラリアに住んでいることを知っています。

(2) 私は彼らがそのイベントを楽しんだことがうれしいです。

(3) 彼は，彼のお母さんは看護師だと言っています。

らくらくマルつけ

Da-19

接続詞 because

Di-20

答えと解き方➡別冊 p.13

❶ 次の日本文に合うように(　)内から適するほうを選び，○でかこみなさい。

(1) 私はいそがしいので，テレビを見ることができません。

I can't watch TV (if / because) I'm busy.

(2) 彼は疲れていたので，早く寝ました。

(Because / When) he was tired, he went to bed early.

(3) 華(はな)は風邪をひいていたので，学校に来ませんでした。

Hana didn't come to school (because / so) she had a cold.

ヒント

❶ (1)(2)「(なぜなら)〜なので」を表す接続詞。

(3)文の前半と後半のどちらが〈理由〉を表しているかを考える。

❷ 次の日本文に合うよう，____に適する英語を書きなさい。

(1) 両親が誕生日プレゼントをくれたので，私はうれしかったです。

I was happy ________ my parents gave me a birthday present.

(2) 雨が降っているので，私たちは出かけられません。

________ it is raining, we can't go out.

(3) 母が病気なので，今日は私が夕食を作ります。

I'll make dinner today ________ my mother is sick.

❷「(なぜなら)〜なので」を表す語が入る。

❸ 次の文をほぼ同じ意味を表す文に書きかえるとき，____に適する語を書きなさい。

(1) She is kind, so everyone likes her.

Everyone likes her ________ ________ ________ ________.

(2) Because it was very cold, we didn't swim.

It was very cold, ________ ________ ________ ________.

❸ **so** は〈理由， **so**＋結果.〉という形で使い，**because** は〈結果＋**because**＋理由.〉〈**because**＋理由，結果.〉という形で使うということに注意する。

4 次の英文を日本文になおしなさい。

(1) I like this book because it is very interesting.

(　　　　　　　　　　　　　　　　　　　　)

(2) Because you have a lot of homework, you can't play baseball now.

(　　　　　　　　　　　　　　　　　　　　)

(3) Because he wasn't at home, I could not meet him.

(　　　　　　　　　　　　　　　　　　　　)

(4) I opened the window because it was hot in the room.

(　　　　　　　　　　　　　　　　　　　　)

5 次の日本文に合う英文になるように，(　)内の語句を並べかえなさい。

[文頭の文字も小文字になっていることがあります]

(1) テレビの音が聞こえないので，静かにしてください。

(I / the TV / quiet / because / hear / be / can't / please / .)

(2) 晴れていたので，私たちは浜辺に行きました。

(the beach / was / to / because / went / sunny / we / it / , / .)

(3) 彼女は音楽を聞いていたので，私は彼女に話しかけませんでした。

(listening / her / I / she / talk to / was / because / to music / didn't / , / .)

6 次の日本文を英文になおしなさい。ただし，〈理由〉は文の後半で述べること。

(1) 彼女はいそがしいので，ここに来ないでしょう。

(2) この机はとても重いので，私は運ぶことができません。

(3) 雨が降っていたので，彼は傘を買いました。

(4) 父はよい医者なので，私は彼を尊敬しています。

らくらく
マルつけ

Da-20

21 must の文

Di-21

答えと解き方➡別冊 p.14

❶ 次の日本文に合うものを(　)内から選び，記号で答えなさい。

(1) 私たちはここにいなければいけません。　(　　　　)

We (ア can　イ must　ウ will) stay here.

(2) あなたはお母さんを手伝わなければいけません。(　　　　)

You (ア must help　イ are going to help　ウ are helping) your mother.

(3) 正樹(まさき)は日曜日に学校に行かなければいけません。(　　　　)

Masaki must (ア go　イ goes　ウ going) to school on Sunday.

❷ 次の日本文に合うよう，___に適する英語を書きなさい。

(1) 私は自分の部屋を掃除しなければいけません。

I __________ clean my room.

(2) あなたは皿を洗わなければいけません。

You __________ __________ the dishes.

(3) 彼女は一生懸命テニスを練習しなければいけません。

She __________ __________ tennis hard.

❸ 次の文を「～しなければいけない」という意味の文に書きかえるとき，___に適する語を書きなさい。

(1) I get up early every day.

I __________ get up early every day.

(2) We close the window at night.

We __________ __________ the window at night.

(3) Alex studies Japanese hard.

Alex __________ __________ Japanese hard.

ヒント

❶ (1)(2)「～しなければいけない」という意味の助動詞を選ぶ。
(3)助動詞のあとの動詞の形は？

❷ (1)「～しなければいけない」という意味の助動詞を使う。
(2)(3)助動詞のあとの動詞の形は，主語が何であってもかわらない。

❸ (3)動詞の形に注意。

4 次の英文を日本文になおしなさい。

(1) I must eat vegetables every day.

(　　　　　　　　　　　　　　　　　　　　)

(2) You must read this book.

(　　　　　　　　　　　　　　　　　　　　)

(3) The students must speak English in the classroom.

(　　　　　　　　　　　　　　　　　　　　)

(4) My sister must work hard.

(　　　　　　　　　　　　　　　　　　　　)

5 次の日本文に合う英文になるように，(　)内の語を並べかえなさい。

[文頭の文字も小文字になっていることがあります]

(1) 彼らはその仕事を終わらせなければいけません。(work / must / they / the / finish / .)

____

(2) 私はイヌを散歩させなければいけません。(walk / I / dog / must / my / .)

____

(3) あなたは休憩を取らなければいけません。(a / must / rest / you / take / .)

____

(4) 私の父は毎日運動しなければいけません。

(every / father / exercise / my / day / must / .)

____

6 次の日本文を英文になおしなさい。ただし，指定された語数で書くこと。

(1) 私はペンを(1本)買わなければいけません。〔5語〕

____

(2) 彼は早く寝なければいけません。〔6語〕

____

(3) あなたたちは一生懸命バイオリンを練習しなければいけません。〔6語〕

____

(4) リサ(Lisa)は手紙を(1通)書かなければいけません。〔5語〕

____

らくらく
マルつけ

Da-21

must の否定文

Di-22

答えと解き方➡別冊 p.14

1 次の日本文に合うものを(　)内から選び，記号で答えなさい。

(1) あなたたちはこの池で泳いではいけません。　(　　　　)

You must (ア don't　イ aren't　ウ not) swim in this pond.

(2) 私は今，テレビゲームをしてはいけません。　(　　　　)

I (ア must not play　イ must play not　ウ not must play) a video game now.

(3) 彼女は１人で出かけてはいけません。　(　　　　)

She (ア won't　イ mustn't　ウ must) go out alone.

2 次の日本文に合うよう，＿＿に適する英語を書きなさい。

(1) 私はこのコンピューターを使ってはいけません。

I ＿＿＿＿ not use this computer.

(2) あなたたちは教室で走ってはいけません。

You ＿＿＿＿ ＿＿＿＿ run in the classroom.

(3) 彼らは今，うるさくしてはいけません。

They ＿＿＿＿ ＿＿＿＿ noisy now.

3 次の文を〔　〕内の指示にしたがって書きかえるとき，＿＿に適する語を書きなさい。

(1) I must speak Japanese now.〔否定文に〕

I ＿＿＿＿ ＿＿＿＿ speak Japanese now.

(2) He <u>must not</u> play the guitar here.〔下線部を１語に〕

He ＿＿＿＿ ＿＿＿＿ the guitar here.

(3) Don't eat this cake.〔ほぼ同じ意味を表す文に〕

You ＿＿＿＿ ＿＿＿＿ this cake.

ヒント

1 (1)(2) **must** の否定文の作り方は，**will** の文と同じ。
(3) あとに not がないことに注目。

2 (1)「～してはいけない」は must の否定文で表すことができる。
(2) must の否定文の作り方は，will の文と同じ。
(3) 空所が２つだけなので，短縮形を使う。noisy は「うるさい」という意味の形容詞。

3 (3) **Don't ～.** は「～してはいけません」という否定の命令文。

4 次の英文を日本文になおしなさい。

(1) I must not go shopping today.

(　　　　　　　　　　　　　　　　　　　　　　　　　　)

(2) They must not play soccer in this park.

(　　　　　　　　　　　　　　　　　　　　　　　　　　)

(3) You mustn't sit on this bench.

(　　　　　　　　　　　　　　　　　　　　　　　　　　)

(4) He mustn't enter his father's room now.

(　　　　　　　　　　　　　　　　　　　　　　　　　　)

5 次の日本文に合う英文になるように，(　)内の語句を並べかえなさい。

[文頭の文字も小文字になっていることがあります]

(1) 彼女は今，スマートフォンを使ってはいけません。

(use / she / not / now / her smartphone / must / .)

____

(2) あなたはこの部屋で食事をしてはいけません。

(you / this room / eat / mustn't / in / .)

____

(3) 彼らはテレビをつけてはいけません。(mustn't / on / they / turn) the TV.

______________________________ the TV.

6 次の日本文を英文になおしなさい。ただし，指定された語数で書くこと。

(1) あなたはあのドアを開けてはいけません。〔6語〕

____

(2) 私は今，彼に電話してはいけません。〔6語〕

____

(3) 生徒たちは学校に遅れてはいけません。〔6語〕

____

(4) 私たちは図書館で話してはいけません。〔6語〕

____

らくらく
マルつけ

Da-22

〈have to＋動詞の原形〉の文

Di-23

答えと解き方➡別冊 p.15

❶ 次の日本文に合うものを(　)内から選び，記号で答えなさい。

(1) 私は宿題をしなければいけません。　(　　　)

I (ア will　イ must　ウ have) to do my homework.

(2) 彩(あや)は昼食を作らなければいけません。　(　　　)

Aya (ア have　イ has　ウ must) to make lunch.

(3) 彼らは昨日，働かなければいけませんでした。　(　　　)

They (ア had to　イ have to　ウ must) work yesterday.

❷ 次の日本文に合うよう，＿＿に適する英語を書きなさい。

(1) あなたは英語を勉強しなければいけません。

You ＿＿＿＿ ＿＿＿＿ study English.

(2) 彼は早く帰らなければいけません。

He ＿＿＿＿ ＿＿＿＿ go home early.

(3) 私たちはしばらく待たなければいけませんでした。

We ＿＿＿＿ ＿＿＿＿ ＿＿＿＿ for a while.

❸ 次の文を〔　〕内の指示にしたがって書きかえるとき，＿＿に適する語を書きなさい。

(1) I go to bed at eleven.〔「～しなければいけない」という文に〕

I ＿＿＿＿ ＿＿＿＿ go to bed at eleven.

(2) We have to be at home.〔文末に yesterday をつけ加えて〕

We ＿＿＿＿ ＿＿＿＿ be at home yesterday.

(3) She must leave home right now.〔ほぼ同じ意味を表す文に〕

She ＿＿＿＿ ＿＿＿＿ leave home right now.

ヒント

❶ (1)あとに〈to＋動詞の原形〉が続いていることに注目。
(2)主語が３人称・単数。
(3)「昨日」という過去の文。

❷ (1)空所の数から must は使えないことに注意。
(2)主語が３人称・単数。
(3)「～しなければいけませんでした」という過去の文。**for a while** は「しばらくの間」という意味。

❸ (1)空所の数に注意。
(2)過去の文にする。
(3)主語に注意。

4 次の英文を日本文になおしなさい。

(1) You have to clean the kitchen today.

(　　　　　　　　　　　　　　　　　　　　)

(2) I had to read these books last night.

(　　　　　　　　　　　　　　　　　　　　)

(3) They have to wear uniforms at school.

(　　　　　　　　　　　　　　　　　　　　)

(4) My mother has to take care of my little sister.

(　　　　　　　　　　　　　　　　　　　　)

5 次の日本文に合う英文になるように，(　)内の語を並べかえなさい。

[文頭の文字も小文字になっていることがあります]

(1) 私は一生懸命勉強しなければいけません。(to / hard / have / I / study / .)

(2) あなたたちは静かにしなければいけません。(quiet / you / to / be / have / .)

(3) 彼はこの薬を飲まなければいけません。(medicine / he / to / this / has / take / .)

(4) エミリーは重い辞書を持ち運ばなければいけませんでした。

(a / to / had / heavy / Emily / carry / dictionary / .)

6 次の日本文を英文になおしなさい。ただし，指定された語数で書くこと。また，数字も英語で書くこと。

(1) 私たちは今日，学校に行かなければいけません。〔7語〕

(2) 私の父は5時に起きなければいけません。〔8語〕

(3) あなたはこの本を明日までに返さなければいけません。〔8語〕

(4) 私は新しいくつを買わなければいけませんでした。〔6語〕

らくらく
マルつけ

Da-23

〈have to＋動詞の原形〉の否定文

Di-24

答えと解き方➡別冊 p.16

❶ 次の日本文に合うものを（　）内から選び，記号で答えなさい。

(1) あなたはこの部屋を掃除する必要はありません。(　　　　)
You (ア don't　イ aren't　ウ mustn't) have to clean this room.

(2) 私は今日，宿題をする必要はありません。(　　　　)
I don't (ア do　イ have to do　ウ to do) my homework today.

(3) ジャックはお父さんを手伝う必要はありません。(　　　　)
Jack (ア don't　イ mustn't　ウ doesn't) have to help his father.

❷ 次の日本文に合うよう，＿＿に適する英語を書きなさい。

(1) 私は土曜日に学校に行く必要はありません。
I ＿＿＿＿ have to go to school on Saturdays.

(2) 彼らはサッカーを練習する必要はありません。
They ＿＿＿＿ ＿＿＿＿ to practice soccer.

(3) 彼女は早く家を出る必要はありません。
She ＿＿＿＿ have to ＿＿＿＿ home early.

❸ 次の文を否定文に書きかえるとき，＿＿に適する語を書きなさい。

(1) We have to wash the car today.
We ＿＿＿＿ ＿＿＿＿ ＿＿＿＿ wash the car today.

(2) My brother has to make dinner.
My brother ＿＿＿＿ ＿＿＿＿ to ＿＿＿＿ dinner.

ヒント

❶ (1)あとに〈have to＋動詞の原形〉が続いている。
(2)前に don't がある。
(3)主語に注目する。

❷ (1)(2)「～する必要はない」は〈have to＋動詞の原形〉の否定文で表すことができる。
(3)主語に注目する。

❸ 〈have to＋動詞の原形〉の否定文の作り方は，一般動詞の文と同じ。

4 次の英文を日本文になおしなさい。

(1) You do not have to study science today.

(　　　　　　　　　　　　　　　　　　　　　　　　　　　　)

(2) I don't have to walk my dog this morning.

(　　　　　　　　　　　　　　　　　　　　　　　　　　　　)

(3) He does not have to call his mother.

(　　　　　　　　　　　　　　　　　　　　　　　　　　　　)

(4) My sister doesn't have to work next weekend.

(　　　　　　　　　　　　　　　　　　　　　　　　　　　　)

5 次の日本文に合う英文になるように，(　)内の語句を並べかえなさい。

[文頭の文字も小文字になっていることがあります]

(1) あなたはそのドアを閉める必要はありません。

(close / to / you / have / the door / don't / .)

(2) 私は傘を持っていく必要はありません。

(my / have / take / I / to / umbrella / don't / .)

(3) 彼女はこのことについて心配する必要はありません。

(about / doesn't / worry / to / this / she / have / .)

6 次の日本文を英文になおしなさい。ただし，指定された語数で書くこと。

(1) 彼らはここで日本語を話す必要はありません。〔7語〕

(2) 私たちは教科書を買う必要はありません。〔6語〕

(3) あなたはその質問に答える必要はありません。〔7語〕

(4) 康太(こうた)(Kota)は早く起きる必要はありません。〔7語〕

らくらくマルつけ

Da-24

〈have to＋動詞の原形〉の疑問文と答え方

Di-25

答えと解き方➡別冊 p.16

❶ 次の日本文に合うように(　)内から適するほうを選び，〇でかこみなさい。

(1) 私はここにいなければいけませんか。

(Must / Do) I have to stay here?

(2) あなたは今日，買い物に行かなければいけませんか。

Do you (have to / must) go shopping today?

(3) 彼女は学校に昼食を持っていかなければいけませんか。

(Do / Does) she have to bring her lunch to school?

❷ ＿＿に適する語を書いて，答えの文を完成させなさい。

(1) Do I have to use this computer?

— Yes, you ＿＿＿＿＿＿.

(2) Does he have to finish his homework today?

— Yes, ＿＿＿＿＿＿ ＿＿＿＿＿＿.

(3) Do you have to go to the library?

— No, I ＿＿＿＿＿＿.

❸ 次の文を疑問文に書きかえるとき，＿＿に適する語を書きなさい。

(1) They have to study hard.

＿＿＿＿＿＿ ＿＿＿＿＿＿ have to study hard?

(2) I have to help you.

＿＿＿＿＿＿ ＿＿＿＿＿＿ ＿＿＿＿＿＿ to help you?

(3) He has to walk to school today.

＿＿＿＿＿＿ ＿＿＿＿＿＿ ＿＿＿＿＿＿ to walk to school today?

ヒント

❶ (1)あとに〈have to＋動詞の原形〉がある。
(2) Do で文が始まっている。
(3)主語に注目する。
bring ~ to ... は「…に～を持っていく」という意味。

❷ (1) Do I ~? の文に Yes で答えている。
(2) Does he ~? の文に Yes で答えている。
(3) Do you ~? の文に No で答えている。「その必要はない」という意味になる。

❸ 〈have to＋動詞の原形〉の疑問文の作り方は，一般動詞の文と同じ。

4 次の英文を日本文になおしなさい。

(1) Do you have to practice tennis every day?

(　　　　　　　　　　　　　　　　　　　　　　　　　　)

(2) Do I have to do this work alone?

(　　　　　　　　　　　　　　　　　　　　　　　　　　)

(3) Does the boy have to see a doctor this afternoon?

(　　　　　　　　　　　　　　　　　　　　　　　　　　)

(4) Do we have to take the first train tomorrow?

(　　　　　　　　　　　　　　　　　　　　　　　　　　)

5 次の日本文に合う英文になるように，(　)内の語句を並べかえなさい。

[文頭の文字も小文字になっていることがあります]

(1) 私は急がなければいけませんか。(hurry / I / to / have / do / ?)

____

(2) ナンシーは会議に出席しなければいけませんか。

(to / does / attend / Nancy / the meeting / have / ?)

____

(3) 生徒たちは自分のコンピューターを買わなければいけませんか。

(their / have / computers / the students / do / buy / own / to / ?)

____

6 次の日本文を英文になおしなさい。

(1) 彼は今日，お母さんを手伝わなければいけませんか。

____

(2) ((1)の答えとして)はい，そうしなければいけません。

____

(3) 私はこの本を読まなければいけませんか。

____

(4) ((3)の答えとして)いいえ，その必要はありません。

____

らくらく
マルつけ

Da-25

Will you ～？ の文

Di-26

答えと解き方➡別冊 p.17

1 次の日本文に合うものを（　）内から選び，記号で答えなさい。

(1) この机を運んでくれませんか。　（　　　）

（ア Can I　イ Will I　ウ Will you ）carry this desk?

(2) 私を手伝ってくれませんか。　（　　　）

（ア Must　イ Will　ウ Do ）you help me?

(3) 私たちのパーティーに来ませんか。　（　　　）

（ア Must　イ Will　ウ Do ）you come to our party?

2 次の日本文に合うよう，＿＿に適する英語を書きなさい。

(1) 窓を開けてくれませんか。

Will ＿＿＿＿＿ open the window?

(2) 私にあなたのペンを貸してくれませんか。

＿＿＿＿＿ ＿＿＿＿＿ lend me your pen?

(3) 私たちの部に入りませんか。

＿＿＿＿＿ ＿＿＿＿＿ join our club?

3 次の文を〔　〕内の指示にしたがって書きかえるとき，＿＿に適する語を書きなさい。

(1) You call me.〔「～してくれませんか」という文に〕

＿＿＿＿＿ you call me?

(2) You come with us.〔「～しませんか」という文に〕

＿＿＿＿＿ ＿＿＿＿＿ come with us?

(3) Please bring me the newspaper.〔ほぼ同じ意味を表す文に〕

＿＿＿＿＿ ＿＿＿＿＿ bring me the newspaper?

ヒント

1 (1)机を運ぶのがだれになるかを考える。
(2)「～してくれませんか」と依頼する文。
(3)「～しませんか」と勧誘する文。

2 (1)窓を開けるのがだれになるかを考える。
(2)相手に依頼する文。〈**lend**＋人＋もの〉は「(人)に(もの)を貸す」という意味。
(3)相手を勧誘する文。

3 (3) **Please ～.** は「～してください」というていねいな命令文。

4 次の英文を日本文になおしなさい。

(1) Will you close the door?

(　　　　　　　　　　　　　　　　　　　　　　)

(2) Will you take me to the zoo?

(　　　　　　　　　　　　　　　　　　　　　　)

(3) Will you go shopping with us?

(　　　　　　　　　　　　　　　　　　　　　　)

(4) Will you have some tea?

(　　　　　　　　　　　　　　　　　　　　　　)

5 次の日本文に合う英文になるように，(　)内の語句を並べかえなさい。

[文頭の文字も小文字になっていることがあります]

(1) 私の宿題を手伝ってくれませんか。(you / my homework / me / will / help / with / ?)

(2) 私たちと外食に行きませんか。(with / you / out / us / eat / will / ?)

(3) 塩を取ってくれませんか。(pass / me / you / will / the salt / ?)

(4) 私と散歩をしませんか。(a / me / take / will / walk / you / with / ?)

6 次の日本文を英文になおしなさい。ただし，will を使って指定された語数で書くこと。

(1) 私といっしょにコンサートに来ませんか。〔8語〕

(2) 私にあなたのノートを見せてくれませんか。〔6語〕

(3) 私の誕生日パーティーに出席してくれませんか。〔6語〕

(4) コーヒーをいくらかいかがですか。〔5語〕

らくらく
マルつけ

Da-26

Shall I[we] ~? の文

Di-27

答えと解き方➡別冊 p.17

❶ 次の日本文に合うように( )内から適するほうを選び，○でかこみなさい。

(1) 窓を閉めましょうか。

(Can / Shall) I close the window?

(2) あなたの仕事を手伝いましょうか。

Shall (I / we) help you with your work?

(3) いっしょにバドミントンをしましょうか。

Shall (I / we) play badminton together?

❷ ＿＿に適する語を書いて，対話を完成させなさい。

(1) ＿＿＿＿ ＿＿＿＿ make lunch?

— Yes, please.

(2) ＿＿＿＿ ＿＿＿＿ go shopping?

— Yes, let's.

(3) Shall I wash the dishes?

— No, ＿＿＿＿ you.

❸ 次の文を〔 〕内の指示にしたがって書きかえるとき，＿＿に適する語を書きなさい。

(1) I clean your room.〔「～しましょうか」と申し出る文に〕

＿＿＿＿ ＿＿＿＿ clean your room?

(2) We play the guitar.〔「～しましょうか」とさそう文に〕

＿＿＿＿ ＿＿＿＿ play the guitar?

(3) Let's go to the amusement park.〔ほぼ同じ意味を表す文に〕

＿＿＿＿ ＿＿＿＿ go to the amusement park?

ヒント

❶ (1)「(私が) ～しましょうか」と申し出る文。
(2)手伝うのがだれになるかを考える。
(3)バドミントンをするのがだれになるかを考える。

❷ (1)「はい，お願いします」と答えている。
(2)「はい，そうしましょう」と答えている。
(3)「～しましょうか」という申し出に No と答えている。

❸ (3) **Let's ～.** は「～しましょう」と相手をさそう文。

❹ 次の英文を日本文になおしなさい。

(1) Shall we swim in the pool?

(　　　　　　　　　　　　　　　　　　　　　　　　)

(2) Shall I take your picture?

(　　　　　　　　　　　　　　　　　　　　　　　　)

(3) Shall we begin the meeting?

(　　　　　　　　　　　　　　　　　　　　　　　　)

(4) Shall I give you this book?

(　　　　　　　　　　　　　　　　　　　　　　　　)

❺ 次の日本文に合う英文になるように，(　)内の語を並べかえなさい。

［文頭の文字も小文字になっていることがあります］

(1) 放課後，勉強しましょうか。(school / we / study / after / shall / ?)

____

(2) あなたにお茶をいれましょうか。(make / you / I / shall / for / tea / ?)

____

(3) その問題について話し合いましょうか。(the / shall / matter / discuss / we / ?)

____

(4) あなたが出かけている間，赤ちゃんの世話をしましょうか。

(of / I / your / care / shall / baby / take) while you are out?

__________________________________ while you are out?

❻ 次の日本文を英文になおしなさい。ただし，指定された語数で書くこと。

(1) (私が)あなたの宿題を手伝いましょうか。〔7語〕

____

(2) ((1)の答えとして)はい，お願いします。〔2語〕

____

(3) (私たちは)ここで昼食を食べましょうか。〔5語〕

____

(4) ((3)の答えとして)いいえ，よしましょう。〔3語〕

____

らくらく
マルつけ

Da-27

May I ～? の文

答えと解き方➡別冊 p.18

1 次の日本文に合うように(　)内から適するほうを選び，○でかこみなさい。

(1) このコンピューターを使ってもよろしいですか。

(May / Shall) I use this computer?

(2) あなたの辞書を借りてもよろしいですか。

May (you / I) borrow your dictionary?

(3) 今夜，あなたに電話してもよろしいですか。

(Will / May) I call you tonight?

ヒント

❶ (1)(3)「～してもよい」と許可を表す語を選ぶ。
(2)辞書を借りるのがだれになるかを考える。

2 次の日本文に合うよう，＿＿に適する英語を書きなさい。

(1) (私は)テレビをつけてもよろしいですか。

＿＿＿＿ I turn on the TV?

(2) (私は)このケーキを食べてもよろしいですか。

＿＿＿＿ ＿＿＿＿ eat this cake?

(3) (私は)ここで本を読んでもよろしいですか。

＿＿＿＿ ＿＿＿＿ ＿＿＿＿ a book here?

❷「～してもよい」と許可を表す助動詞を使う。

3 次の文を〔　〕内の指示にしたがって書きかえるとき，＿＿に適する語を書きなさい。

(1) I play the piano.〔「～してもよろしいですか」という文に〕

＿＿＿＿ ＿＿＿＿ play the piano?

(2) I visit your house.〔「～してもよろしいですか」という文に〕

＿＿＿＿ ＿＿＿＿ ＿＿＿＿ your house?

(3) Can I go home?〔ほぼ同じ意味を表す文に〕

＿＿＿＿ ＿＿＿＿ ＿＿＿＿ home?

❸ (3) **Can I ～?** は「～してもいいですか」と許可を求める文。

4 次の英文を日本文になおしなさい。

(1) May I listen to music now?

(　　　　　　　　　　　　　　　　　　　　　　　　)

(2) May I enter that room?

(　　　　　　　　　　　　　　　　　　　　　　　　)

(3) May I sit here?

(　　　　　　　　　　　　　　　　　　　　　　　　)

(4) May I try on this jacket?

(　　　　　　　　　　　　　　　　　　　　　　　　)

5 次の日本文に合う英文になるように，(　)内の語句を並べかえなさい。

[文頭の文字も小文字になっていることがあります]

(1) 机の上にかばんを置いてもよろしいですか。

(on / my / put / the desk / may / bag / I / ?)

(2) 質問してもよろしいですか。(you / I / question / ask / a / may / ?)

(3) 水を1杯いただいてもよろしいですか。(I / a / water / of / may / have / glass / ?)

(4) 今，彼女に話しかけてもよろしいですか。(talk / may / to / now / I / her / ?)

6 次の日本文を英文になおしなさい。ただし，may を使うこと。

(1) (私は)あなたの自転車を使ってもよろしいですか。

(2) (私は)ここで写真を撮ってもよろしいですか。

(3) (私は)あなたをトム(Tom)と呼んでもよろしいですか。

(4) (私は)妹をパーティーに連れてきてもよろしいですか。

らくらく
マルつけ

Da-28

Would you like ～? の文

Di-29

答えと解き方➡別冊 p.19

1 次の日本文に合うように( )内から適するほうを選び，○でかこみなさい。

(1) 私たちに加わってはいかがですか。

(Can / Would) you like to join us?

(2) ここに座ってはいかがですか。

Would you like (sit / to sit) here?

(3) 紅茶はいかがですか。

Would you like (some tea / to some tea)?

2 次の日本文に合うよう，___に適する英語を書きなさい。

(1) このペンを使ってはいかがですか。

______ ______ like to use this pen?

(2) もう少しケーキはいかがですか。

______ ______ ______ some more cake?

(3) 公園で昼食を食べるのはいかがですか。

______ ______ like ______ have lunch in the park?

3 次の文を「～してはいかがですか」という意味の文に書きかえるとき，___に適する語を書きなさい。

(1) You come to the party.

______ ______ like to come to the party?

(2) You go out.

______ ______ like to ______ out?

ヒント

❶ Would you like to ～? で「～してはいかがですか」と相手に提案する。Would you like ～? で「～はいかがですか」と相手にものをすすめる。

❷ (1)(3)「～してはいかがですか」と相手に提案する。
(2)「～はいかがですか」と相手にものをすすめる。some more は「もう少し」という意味。

❸ (2) **like to** のあとの動詞は原形を使う。

❹ 次の英文を日本文になおしなさい。

(1) Would you like to go to a movie with me?

(　　　　　　　　　　　　　　　　　　　　　　　　　　　　)

(2) Would you like to eat something?

(　　　　　　　　　　　　　　　　　　　　　　　　　　　　)

(3) Would you like some more coffee?

(　　　　　　　　　　　　　　　　　　　　　　　　　　　　)

(4) Would you like to take a taxi home?

(　　　　　　　　　　　　　　　　　　　　　　　　　　　　)

❺ 次の日本文に合う英文になるように，(　)内の語句を並べかえなさい。

[文頭の文字も小文字になっていることがあります]

(1) 傘を持っていってはいかがですか。(to / an umbrella / you / would / take / like / ?)

(2) 温かい飲み物はいかがですか。(like / hot / you / a / would / drink / ?)

(3) 私たちのサッカーチームに入ってはいかがですか。

(member / to / like / be / you / of / a / our soccer team / would / ?)

(4) 休憩してはいかがですか。(take / you / break / would / to / like / a / ?)

❻ 次の日本文を英文になおしなさい。ただし，(　)内の語句を使うこと。

(1) 私といっしょに釣りに行くのはいかがですか。(fishing)

(2) もう少しクッキーはいかがですか。(some more)

(3) 医者にみてもらってはいかがですか。(see)

(4) 紅茶を１杯いかがですか。(cup)

らくらく
マルつけ

Da-29

不定詞〈名詞的用法①〉

Di-30

答えと解き方➡別冊 p.19

❶ 次の日本文に合うように( )内から適するほうを選び，○でかこみなさい。

(1) 私は中華料理が食べたいです。

I want to (eating / eat) Chinese food.

(2) 彼女は音楽を聞くことが好きです。

She likes to (listens / listen) to music.

(3) 30 分前に雨が降り始めました。

It started to (rained / rain) half an hour ago.

❷ 次の日本文に合うよう，( )内の英語を適する形(2語)にかえて ＿＿ に書きなさい。

(1) 私は美容師になりたいです。(be)

I want ＿＿＿＿ ＿＿＿＿ a hairdresser.

(2) 彼らはサッカーをし始めるでしょう。(play)

They will start ＿＿＿＿ ＿＿＿＿ soccer.

(3) 彼はこの市をまた訪れることを望んでいます。(visit)

He hopes ＿＿＿＿ ＿＿＿＿ this city again.

❸ 次の日本文に合うよう，＿＿ に適する英語を書きなさい。

(1) 私たちは写真を撮ることが大好きです。

We love to ＿＿＿＿ pictures.

(2) ブラウンさんは日本に住むことを決めました。

Ms. Brown decided ＿＿＿＿ ＿＿＿＿ in Japan.

(3) 穂香(ほのか)はあなたに会いたがっています。

Honoka ＿＿＿＿ ＿＿＿＿ ＿＿＿＿ you.

ヒント

❶ 前に to があることに注目。
(3) half は「半分の」という意味。half an hour は「1時間の半分」=「30 分」となる。

❷ 与えられている動詞を動詞の目的語になる形にかえる。
(1) hairdresser は「美容師」という意味。

❸ (1) to のあとに続く動詞の形は？
(2) decide は「～を決める」という意味。
(3)「会いたがっている」→「会うことを欲している」と言いかえて考える。主語に注意。

❹ 次の英文を日本文になおしなさい。

(1) I like to play the violin in my free time.

( )

(2) She began to talk about her family.

( )

(3) Do you want to eat this cake?

( )

(4) My brother loves to travel overseas.

( )

❺ 次の日本文に合う英文になるように，( )内の語を並べかえなさい。

[文頭の文字も小文字になっていることがあります]

(1) 彼らはドアを開けようとしています。(the / they're / open / trying / door / to / .)

(2) 夕方には雨が降り始めるでしょう。(the / to / will / evening / rain / start / in / it / .)

(3) 彼は花を育てることが好きです。(grow / likes / flowers / he / to / .)

(4) 私は今日は出かけたくありません。(want / out / to / don't / today / I / go / .)

❻ 次の日本文を英文になおしなさい。ただし，指定された語数で書くこと。

(1) 健(けん)(Ken)は私たちとテニスをしたがっています。〔7 語〕

(2) 彼らは歌い始めました。〔4 語〕

(3) 私は自分の部屋で本を読むことが好きです。〔8 語〕

(4) あなたのお父さんは料理をすることが好きですか。〔6 語〕

らくらく
マルつけ

Da-30

不定詞〈名詞的用法②〉

Di-31

答えと解き方➡別冊 p.20

❶ 次の日本文に合うように(　)内から適するほうを選び，○でかこみなさい。

(1) ピアノを弾くことは楽しいです。

(Play / To play) the piano is fun.

(2) 海外で働くことが彼の夢です。

To (work / works) overseas is his dream.

(3) 皿を洗うことが私の仕事です。

To wash the dishes (are / is) my job.

ヒント

❶ (1)主語になる形を選ぶ。
(2)前に To があることに注目。
(3)「皿を洗うこと」が主語。

❷ 次の日本文に合うよう，(　)内の英語を適する形（2 語）にかえて ＿＿ に書きなさい。

(1) スキーをするのは難しいです。(ski)

＿＿＿＿ ＿＿＿＿ is difficult.

(2) 腕時計を修理するのが父の仕事です。(repair)

＿＿＿＿ ＿＿＿＿ watches is my father's job.

(3) 山登りはとても楽しいです。(climb)

＿＿＿＿ ＿＿＿＿ mountains is a lot of fun.

❷ 与えられている動詞を文の主語になる形にかえる。
(2) repair は「～を修理する」という意味。

❸ 次の日本文に合うよう，＿＿ に適する英語を書きなさい。

(1) 数学を勉強することはおもしろいです。

To ＿＿＿＿ math is interesting.

(2) 他人を助けることはすばらしいことです。

＿＿＿＿ ＿＿＿＿ others is a great thing.

(3) 宇宙に行くことが私の夢です。

＿＿＿＿ ＿＿＿＿ to space ＿＿＿＿ my dream.

❸ (1) To のあとに続く動詞の形は？
(2) others は「ほかの人たち」という意味。
(3)文全体の動詞になる be 動詞の形に注意。space は「宇宙」という意味。

❹ 次の英文を日本文になおしなさい。

(1) To watch soccer games at the stadium is exciting.

(　　　　　　　　　　　　　　　　　　　　)

(2) To teach English to children is her job.

(　　　　　　　　　　　　　　　　　　　　)

(3) To be a police officer is my dream.

(　　　　　　　　　　　　　　　　　　　　)

(4) To take care of babies is hard.

(　　　　　　　　　　　　　　　　　　　　)

❺ 次の日本文に合う英文になるように，(　)内の語句を並べかえなさい。

[文頭の文字も小文字になっていることがあります]

(1) いつかフランスを訪れることが彼女の夢です。

(France / her / is / to / dream / visit / someday / .)

____

(2) この仕事を１人でするのは不可能です。

(is / alone / this work / to / impossible / do / .)

____

(3) この川で泳ぐのは危険です。(dangerous / swim / is / this river / to / in / .)

____

❻ 次の日本文を英文になおしなさい。ただし，(　)内の語句を使って，指定された語数で書くこと。

(1) 弁護士になることが私の夢です。(be，lawyer)〔７語〕

____

(2) 散歩をすることは健康によいです。(take，your health)〔９語〕

____

(3) 友だちと話すことは楽しいです。(my friends，fun)〔７語〕

____

(4) 病気の人々を助けるのが彼女の仕事です。(sick，job)〔７語〕

____

らくらく
マルつけ
Da-31

不定詞〈名詞的用法③〉

DI-32

答えと解き方➡別冊 p.20

❶ 次の日本文に合うように(　)内から適するほうを選び，○でかこみなさい。

(1) 私の夢はすばらしい小説を書くことです。

My dream is to (write / writing) great novels.

(2) 母の仕事は服を売ることです。

My mother's job is (sells / to sell) clothes.

(3) 私の計画は，おじの家に滞在することです。

My plan is (stay / to stay) with my uncle.

ヒント

❶ (1)前に to があることに注目。
(2)補語になる形を選ぶ。sell は「～を売る」という意味。
(3)補語になる形を選ぶ。stay with ～ は「～の家に滞在する」という意味。

❷ 次の日本文に合うよう，(　)内の英語を適する形（2語）にかえて ____ に書きなさい。

(1) 彼の仕事は病院を掃除することです。(clean)

His job is ________ ________ the hospital.

(2) 父の夢は世界中を旅することでした。(travel)

My father's dream was ________ ________ around the world.

(3) 私の提案は外食することです。(eat)

My suggestion is ________ ________ out.

❷ 与えられている動詞を文の補語になる形にかえる。
(3) suggestion は「提案」という意味。

❸ 次の日本文に合うよう，____ に適する英語を書きなさい。

(1) 彼女の計画は北海道を訪れることです。

Her plan is to ________ Hokkaido.

(2) 私の目標は家を買うことでした。

My goal was ________ ________ a house.

(3) 大切なことは人生を楽しむことです。

The important thing is ________ ________ life.

❸ (1) to のあとに続く動詞の形は？
(2) goal は「目標」という意味。

4 次の英文を日本文になおしなさい。

(1) My dream is to be a professional baseball player.

(　　　　　　　　　　　　　　　　　　　　　　　　　　)

(2) His plan was to travel all over Japan by bike.

(　　　　　　　　　　　　　　　　　　　　　　　　　　)

(3) Ms. Smith's job is to drive a bus.

(　　　　　　　　　　　　　　　　　　　　　　　　　　)

(4) Our suggestion is to ask someone the way to the station.

(　　　　　　　　　　　　　　　　　　　　　　　　　　)

5 次の日本文に合う英文になるように，(　)内の語を並べかえなさい。

[文頭の文字も小文字になっていることがあります]

(1) 彼女の仕事はレストランで給仕することです。

(at / job / to / restaurant / is / a / her / serve / .)

(2) 私の目的は友だちを作ることでした。(friends / my / to / was / make / purpose / .)

(3) 彼の夢は自分の車を持つことです。(dream / own / have / car / is / his / to / his / .)

6 次の日本文を英文になおしなさい。ただし，(　)内の語を使って，指定された語数で書くこと。

(1) その女の子の夢は医者になることです。(be)〔8語〕

(2) 大切なことはあなたの最善を尽くすことです。(do, best)〔8語〕

(3) あなたの目標はあなたの英語を上達させることですか。(goal, improve)〔7語〕

(4) 私の計画はそこで写真を撮ることではありませんでした。(pictures)〔7語〕

らくらくマルつけ

Da-32

It is ... for — to ～.〈形式主語構文〉

答えと解き方➡別冊 p.21

❶ 次の日本文に合うように(　)内から適するほうを選び，○でかこみなさい。

(1) 英語を勉強することはおもしろいです。
It is interesting to (study / studying) English.

(2) 海で泳ぐことは楽しいです。
(This / It) is fun to swim in the sea.

(3) 私にとって漢字を読み書きすることは難しいです。
It's difficult (for / with) me to read and write kanji.

ヒント
❶ (1)前に to があることに注目。
(2)形式的な主語を使う。
(3)「～にとって」を表す前置詞は？

❷ 次の日本文に合うよう，＿＿に適する英語を書きなさい。

(1) サッカーの試合を見ることはわくわくします。
It is exciting ＿＿＿＿ ＿＿＿＿ soccer games.

(2) この机を運ぶのは大変でした。
＿＿＿＿ was hard to ＿＿＿＿ this desk.

(3) 彼女にとってフランス語を話すことは簡単です。
It is easy ＿＿＿＿ her ＿＿＿＿ ＿＿＿＿ French.

❷ (1)「～を見ること」を表す語句を入れる。
(2)「この机を運ぶこと」を指す形式的な主語を使う。
(3)不定詞の動作を行う人は〈for＋人〉で表す。

❸ 次の文をほぼ同じ意味を表す文に書きかえるとき，＿＿に適する語を書きなさい。

(1) To learn foreign languages is fun.
＿＿＿＿ is fun ＿＿＿＿ learn foreign languages.

(2) To understand each other is important.
＿＿＿＿ ＿＿＿＿ important ＿＿＿＿ ＿＿＿＿ each other.

❸ 上の文の主語〈to＋動詞の原形～〉を形式的な主語に置きかえる。
(1) **foreign** は「外国の」，**language** は「言語」という意味。
(2) **understand** は「～を理解する」，**each other** は「お互い」という意味。

❹ 次の英文を日本文になおしなさい。

(1) It is a lot of fun to talk with my friends.

(　　　　　　　　　　　　　　　　　　　　　　　　　)

(2) It is hard for him to get up early.

(　　　　　　　　　　　　　　　　　　　　　　　　　)

(3) It was difficult to solve the math question.

(　　　　　　　　　　　　　　　　　　　　　　　　　)

(4) Is it interesting for you to watch movies in English?

(　　　　　　　　　　　　　　　　　　　　　　　　　)

❺ 次の日本文に合う英文になるように，(　)内の語句を並べかえなさい。

[文頭の文字も小文字になっていることがあります]

(1) 毎朝朝食を食べることは大切です。

(every / breakfast / to / morning / is / eat / important / it / .)

____

(2) 私にとってじょうずにギターを弾くことは簡単ではありませんでした。

(me / well / for / play / wasn't / the guitar / it / to / easy / .)

____

(3) 小さい子どもがこの本を読むのは難しいですか。

(to / children / it / this / difficult / little / is / read / for / book / ?)

____

❻ 次の日本文を英文になおしなさい。ただし，指定された語数で書くこと。

(1) 音楽を聞くことは楽しいです。〔7語〕

____

(2) あなたにとってお母さんを手伝うことは大切です。〔9語〕

____

(3) その歌を歌うのは難しかったです。〔7語〕

____

(4) エマ(Emma)にとってスケートをすることは簡単ですか。〔7語〕

____

らくらく
マルつけ

Da-33

不定詞〈副詞的用法①〉

Di-34

答えと解き方➡別冊 p.21

1 次の日本文に合うように( )内から適するほうを選び，○でかこみなさい。

(1) 私は本を読むために図書館に行きました。
I went to the library to (read / reading) books.

(2) 彼は医者になるために一生懸命勉強しています。
He studies hard (to be / be) a doctor.

(3) あなたはなぜ駅に行ったのですか。— 友だちに会うためです。
Why did you go to the station? — (See / To see) my friend.

ヒント
❶ (1)前に to があることに注目。
(2)「医者になるために」と目的を表す。
(3) Why ～?「なぜ～？」に対して「～するためです」と目的を答える。

2 次の日本文に合うよう，____に適する英語を書きなさい。

(1) 私はイヌを散歩させるために早起きしました。
I got up early to ________ my dog.

(2) ベンは日本で働くために日本語を勉強しています。
Ben studies Japanese ________ ________ in Japan.

(3) 彼女は宿題をするためにこのコンピューターを使いました。
She used this computer ________ ________ her homework.

❷ (1) to に続く動詞の形は？
(2)(3)「～するために」と目的を表す。

3 次の文を〔 〕内の指示にしたがって書きかえるとき，____に適する語を書きなさい。

(1) I went to the park.〔「写真を撮るために」と目的を加えて〕
I went to the park ________ ________ pictures.

(2) He came to the U.S. because he wanted to visit his uncle.〔ほぼ同じ意味を表す文に〕
He came to the U.S. ________ ________ his uncle.

❸ (3) visit his uncle が came to the U.S. の目的だと考える。

❹ 次の英文を日本文になおしなさい。

⑴ We visited Okinawa to swim in the sea.

（　　　　　　　　　　　　　　　　　　　　　　　　　　　）

⑵ My mother went to the supermarket to buy some eggs.

（　　　　　　　　　　　　　　　　　　　　　　　　　　　）

⑶ I'll use his car to go shopping.

（　　　　　　　　　　　　　　　　　　　　　　　　　　　）

⑷ Why did she get up early? — To study English.

（　　　　　　　　　　　　　　　）—（　　　　　　　　　　　）

❺ 次の日本文に合う英文になるように，(　)内の語句を並べかえなさい。

[文頭の文字も小文字になっていることがあります]

⑴ 私は芸術家になるために毎日絵を描きます。

(artist / every / I / to / paint / an / day / be / pictures / .)

____

⑵ 彼は終電に乗るために走りました。(last / ran / the / he / to / train / catch / .)

____

⑶ 早紀(さき)は友だちを見送るために空港に行きました。

(the / Saki / friend / to / went / see off / her / airport / to / .)

____

❻ 次の日本文を英文になおしなさい。ただし，指定された語数で書くこと。また，数字も英語で書くこと。

⑴ 彼女は家を買うために一生懸命働きます。〔7語〕

____

⑵ 私は早く起きるために9時に寝ました。〔10語〕

____

⑶ 優斗(ゆうと)(Yuto)はおばを訪ねるためにカナダに行きました。〔8語〕

____

⑷ 私は彼をパーティーにさそうために彼に電話するつもりです。〔10語〕

____

らくらく マルつけ

Da-34

不定詞〈副詞的用法②〉

Di-35

答えと解き方➡別冊 p.22

❶ 次の日本文に合うように(　)内から適するほうを選び，○でかこみなさい。

(1) 私はあなたと話せてうれしいです。

I'm glad to (talk / talking) to you.

(2) 彼女は私を見て驚きました。

She was surprised (to see / saw) me.

(3) 私たちはその知らせを聞いてわくわくしています。

We are excited (hearing / to hear) the news.

❷ 次の日本文に合うよう，___に適する英語を書きなさい。

(1) 私はそのことを知って悲しいです。

I am sad ________ ________ that.

(2) 彼女はあなたからの手紙を読んで喜んでいました。

She was happy ________ ________ your letter.

(3) 父はその話を聞いて怒りました。

My father was angry ________ ________ the story.

❸ 次の文をほぼ同じ意味を表す文に書きかえるとき，___に適する語を書きなさい。

(1) I watched the soccer game and I was excited about it.

I was excited ________ ________ the soccer game.

(2) We are delighted because we got an e-mail from you.

We are delighted ________ ________ an e-mail from you.

ヒント

❶ (1)前に to があることに注目。
(2)「私を見て」と原因を表す。
(3)「その知らせを聞いて」と原因を表す。
news は「知らせ，ニュース」という意味。

❷「〜して…」と感情の原因・理由を表す。

❸ (1) excited の理由を考える。
(2) delighted は「喜んだ」という意味。
delighted の理由を考える。

❹ 次の英文を日本文になおしなさい。

(1) We were sad to watch the movie.

(　　　　　　　　　　　　　　　　　　　　　　　　　　　　　　　)

(2) I was surprised to find a cat in my yard.

(　　　　　　　　　　　　　　　　　　　　　　　　　　　　　　　)

(3) She is happy to get a present from her friend.

(　　　　　　　　　　　　　　　　　　　　　　　　　　　　　　　)

(4) I'm sorry to hear that your grandfather is sick.

(　　　　　　　　　　　　　　　　　　　　　　　　　　　　　　　)

❺ 次の日本文に合う英文になるように，(　)内の語を並べかえなさい。

[文頭の文字も小文字になっていることがあります]

(1) 私はその知らせを聞いて悲しいです。(hear / sad / to / news / I / the / am / .)

____

(2) 彼は娘から手紙を受け取ってうれしかったです。

(happy / his / a / was / daughter / to / letter / he / receive / from / .)

____

(3) 彼らはその記事を読んで怒っていました。

(the / read / were / article / they / to / angry / .)

____

❻ 次の日本文を英文になおしなさい。ただし，(　)内の語句を使うこと。

(1) 私はあなたにまた会えてうれしいです。(glad)

____

(2) 彼は試験に合格して驚きました。(the exam)

____

(3) 彼女はその試合に負けて悲しんでいます。(lose)

____

(4) 私たちはその事実を知ってわくわくしました。(the fact)

____

らくらく
マルつけ

Da-35

不定詞〈形容詞的用法〉

Di-36

答えと解き方➡別冊 p.22

❶ 次の日本文に合うように( )内から適するほうを選び，〇でかこみなさい。

(1) この町は訪れるべき場所がたくさんあります。

This town has many places to (visit / visiting).

(2) 私はひまな時間に読むための本がほしいです。

I want a book (to read / for read) in my free time.

(3) 何か冷たい飲み物を買いましょう。

Let's buy something (cold to drink / to drink cold).

ヒント

❶ (1)前に to があることに注目。

(2)「読むための」を表す。

(3)「何か冷たい飲み物」→「飲むための冷たい何か」と考える。語順に注意。

❷ 次の日本文に合うよう，＿＿に適する英語を書きなさい。

(1) 私にはギターを弾く時間があります。

I have time ＿＿＿＿ ＿＿＿＿ the guitar.

(2) 彼女は今日，すべきことが何もありません。

She has nothing ＿＿＿＿ ＿＿＿＿ today.

❷ (1) time に「ギターを弾く(ための)」と説明を加える。

(2) **nothing** は「何も～ない」という意味。nothing に「すべき」と説明を加える。

❸ 次の文をほぼ同じ意味を表す文に書きかえるとき，＿＿に適する語を書きなさい。

(1) I want some food.

I want something ＿＿＿＿ ＿＿＿＿.

(2) Jack has to do a lot of homework.

Jack has a lot of homework ＿＿＿＿ ＿＿＿＿.

(3) She couldn't buy that bag because she didn't have enough money.

She didn't have enough money ＿＿＿＿ ＿＿＿＿ that bag.

❸ (1)「何か食べ物」→「食べるための何か」

(2)「宿題をしなければいけない」→「すべき宿題がある」

(3) **enough** は「十分な」という意味。「お金がなくて買えない」→「買う(ための)お金がない」

4 次の英文を日本文になおしなさい。

(1) My mother has a lot of work to do this week.

(　　　　　　　　　　　　　　　　　　　　　　　　　　　　　　　)

(2) Can I have something hot to drink?

(　　　　　　　　　　　　　　　　　　　　　　　　　　　　　　　)

(3) There are many beautiful paintings to see in this museum.

(　　　　　　　　　　　　　　　　　　　　　　　　　　　　　　　)

(4) I have no chance to visit her.

(　　　　　　　　　　　　　　　　　　　　　　　　　　　　　　　)

5 次の日本文に合う英文になるように，(　)内の語句を並べかえなさい。

[文頭の文字も小文字になっていることがあります]

(1) メグは学校で使うノートを買いました。

(a / at / Meg / use / school / notebook / to / bought / .)

____

(2) 彼女には図書館に返すべき本が何冊かあります。

(some / has / to / she / books / return / the library / to / .)

____

(3) 私は書くものを何も持っていません。

(to / have / I / with / anything / don't / write / .)

____

6 次の日本文を英文になおしなさい。ただし，(　)内の語句を使うこと。

(1) 私は自分の部屋を掃除する時間がありませんでした。(didn't)

____

(2) あなたは今日，何かすべきことがありますか。(anything)

____

(3) 京都には何か訪れるのによい場所はありますか。(there, good places)

____

(4) 私はあなたに見せる写真が何枚かあります。(pictures)

____

らくらく
マルつけ

Da-36

動名詞❶

答えと解き方➡別冊 p.23

❶ **次の日本文に合うように(　)内から適するほうを選び，○でかこみなさい。**

(1) 私はフルートを演奏することが好きです。

I like (play / playing) the flute.

(2) 私たちはいっしょに夕食を食べて楽しみました。

We enjoyed (eating / ate) dinner together.

(3) 雨はもうすぐやむでしょう。

It will stop (rain / raining) soon.

ヒント
❶ 動詞の目的語になる形を選ぶ。

❷ **次の日本文に合うよう，＿＿に適する英語を書きなさい。**

(1) 生徒たちは教室を掃除し終えました。

The students finished ＿＿＿＿＿ their classroom.

(2) 圭太(けいた)は本を読むことが好きです。

Keita ＿＿＿＿＿ ＿＿＿＿＿ books.

(3) 私のイヌは公園を走って楽しみました。

My dog ＿＿＿＿＿ ＿＿＿＿＿ in the park.

❷ (1) finish は「～を終える」という意味。「～し終える」は「～することを終える」と言いかえる。
(2)空所の数から，「～すること」をどのように表すかを考える。
(3)動詞の形をかえるときのルールにも注意する。

❸ **次の文を〔　〕内の指示にしたがって書きかえるとき，＿＿に適する語を書きなさい。**

(1) He loves to watch birds.〔ほぼ同じ意味を表す文に〕

He loves ＿＿＿＿＿ ＿＿＿＿＿.

(2) My mother started to cook dinner.

〔ほぼ同じ意味を表す文に〕

My mother ＿＿＿＿＿ ＿＿＿＿＿ dinner.

(3) You enjoyed playing tennis yesterday.〔疑問文に〕

Did you ＿＿＿＿＿ ＿＿＿＿＿ tennis yesterday?

❸ (1)(2)〈to＋動詞の原形〉を1語で書きかえる。
(3)疑問文にしたときの動詞の形に注意する。

❹ 次の英文を日本文になおしなさい。

(1) My sister likes taking pictures.

(　　　　　　　　　　　　　　　　　　　　　　　　)

(2) They stopped talking at that time.

(　　　　　　　　　　　　　　　　　　　　　　　　)

(3) When will you begin reading the book?

(　　　　　　　　　　　　　　　　　　　　　　　　)

(4) I enjoy watching movies.

(　　　　　　　　　　　　　　　　　　　　　　　　)

❺ 次の日本文に合う英文になるように，(　)内の語を並べかえなさい。

[文頭の文字も小文字になっていることがあります]

(1) 恵理(えり)は手紙を書き始めました。(writing / Eri / letter / started / a / .)

(2) ダニエルは泳ぐことが好きですか。(Daniel / swimming / does / like / ?)

(3) 私は彼と話すことを楽しみませんでした。(enjoy / him / talking / I / with / didn't / .)

(4) あとどれくらいであなたは皿を洗い終わりますか。

(the / you / soon / washing / will / dishes / how / finish / ?)

❻ 次の日本文を英文になおしなさい。ただし，指定された語数で書くこと。

(1) 私はテレビを見ることが好きです。〔4語〕

(2) 彼らはおどって楽しみますか。〔4語〕

(3) 私の父はコンピューターを使うのをやめました。〔6語〕

(4) あなたはいつ英語を勉強し始めましたか。〔6語〕

らくらく
マルつけ

Da-37

動名詞❷

Di-38

答えと解き方➡別冊 p.24

❶ 次の日本文に合うように( )内から適するほうを選び，○でかこみなさい。

(1) サッカーをすることはとても楽しいです。

(Play / Playing) soccer is a lot of fun.

(2) 私の趣味は写真を撮ることです。

My hobby is (take / taking) pictures.

(3) 野菜を食べることはよいことです。

Eating vegetables (is / are) good.

ヒント

❶ (1)主語になる形を選ぶ。
(2)補語になる形を選ぶ。hobby は「趣味」という意味。
(3)「野菜を食べること」が主語。

❷ 次の日本文に合うよう，____に適する英語を書きなさい。

(1) この機械を使うことは簡単です。

________ this machine is easy.

(2) あなたの趣味はピアノを弾くことですか。

Is your hobby ________ the piano?

(3) 歴史を勉強することは大切です。

________ history ________ important.

❷ 空所の数から，「～すること」をどのように表すかを考える。

❸ 次の文を〔 〕内の指示にしたがって書きかえるとき，____に適する語を書きなさい。

(1) To play with my dogs is fun.〔ほぼ同じ意味を表す文に〕

________ with my dogs ________ fun.

(2) My father's job is to drive a taxi.〔ほぼ同じ意味を表す文に〕

My father's job ________ ________ a taxi.

(3) Growing flowers is interesting for you.〔疑問文に〕

________ ________ ________

interesting for you?

❸ (1)(2)〈to＋動詞の原形〉を1語で書きかえる。
(3) be 動詞の文を疑問文にする。

❹ 次の英文を日本文になおしなさい。

(1) Watching baseball games is very exciting.

(　　　　　　　　　　　　　　　　　　　　　　　　　　　　)

(2) His job is painting walls.

(　　　　　　　　　　　　　　　　　　　　　　　　　　　　)

(3) Carrying these boxes was hard for them.

(　　　　　　　　　　　　　　　　　　　　　　　　　　　　)

(4) She says her hobby is drawing pictures.

(　　　　　　　　　　　　　　　　　　　　　　　　　　　　)

❺ 次の日本文に合う英文になるように，(　)内の語を並べかえなさい。

[文頭の文字も小文字になっていることがあります]

(1) 毎日料理をすることは難しいです。(is / day / cooking / every / difficult / .)

(2) 鳥を見ることは私をリラックスさせてくれます。(me / birds / relaxes / watching / .)

(3) 私の趣味は古い硬貨を集めることです。(collecting / hobby / coins / is / my / old / .)

(4) 彼女の仕事は国語を教えることです。(job / is / Japanese / her / teaching / .)

❻ 次の日本文を英文になおしなさい。ただし，指定された語数で書くこと。

(1) 私の趣味は小説を書くことです。〔5 語〕

(2) 海で泳ぐことは彼女にとって楽しくありませんでした。〔8 語〕

(3) 新聞を読むことは大切です。〔4 語〕

(4) 彼の仕事は子どもたちの世話をすることですか。〔7 語〕

らくらく
マルつけ

Da-38

動名詞③

Di-39

答えと解き方➡別冊 p.24

❶ 次の日本文に合うように(　)内から適するほうを選び，○でかこみなさい。

(1) 私の兄は英語を話すことがじょうずです。

My brother is good at (to speak / speaking) English.

(2) あなたは食事をする前に手を洗うべきです。

You should wash your hands before (eat / eating).

(3) 私といっしょに買い物に行くのはどうですか。

How about (going / to go) shopping with me?

❷ 次の日本文に合うよう，＿＿に適する英語を書きなさい。

(1) 私たちのパーティーに来てくれてありがとう。

Thank you for ＿＿＿＿＿＿ to our party.

(2) あなたは辞書を使わずにこの本を読むことができますか。

Can you read this book without ＿＿＿＿＿＿ a dictionary?

(3) 彼は宿題をしたあとに，風呂に入りました。

He took a bath after ＿＿＿＿＿＿ his homework.

❸ 次の文をほぼ同じ意味を表す文に書きかえるとき，＿＿に適する語を書きなさい。

(1) Would you like to play soccer outside?

How ＿＿＿＿＿＿ ＿＿＿＿＿＿ soccer outside?

(2) I have dinner before I watch TV.

I have dinner ＿＿＿＿＿＿ ＿＿＿＿＿＿ TV.

(3) I can ski well.

I'm good ＿＿＿＿＿＿ ＿＿＿＿＿＿.

ヒント

❶ 前置詞のあとに動詞がくるときの形は？
(1) be good at ～ は「～がじょうず[得意]である」という意味。
(2) should は「～すべき」，before は「～の前に」という意味。
(3) How about ～? は「～はどうですか」という意味。

❷ (1) Thank you for ～. は「～をありがとう」という意味。
(2) without は「～なしで」という意味。
(3) after は「～のあとに」という意味。

❸ (1)〈Would you like to＋動詞の原形～?〉は「～してはいかがですか」と相手に提案する表現。outside は「外で」という意味。
(2) before は接続詞と前置詞の両方がある。
(3)「じょうずに～することができる」→「～することがじょうずだ」

4 次の英文を日本文になおしなさい。

(1) He went home without saying anything.

(　　　　　　　　　　　　　　　　　　　　　　　　　　　　　　)

(2) Thank you for helping us.

(　　　　　　　　　　　　　　　　　　　　　　　　　　　　　　)

(3) I played a video game after studying math.

(　　　　　　　　　　　　　　　　　　　　　　　　　　　　　　)

(4) Are you good at dancing?

(　　　　　　　　　　　　　　　　　　　　　　　　　　　　　　)

5 次の日本文に合う英文になるように，(　)内の語句を並べかえなさい。

[文頭の文字も小文字になっていることがあります]

(1) 公園で昼食を食べるのはどうですか。(the park / lunch / about / in / having / how / ?)

____

(2) 家を出る前に私に電話してくれますか。

(me / leaving / you / call / home / can / before / ?)

____

(3) 私は小説を書くことに興味があります。(writing / interested / novels / in / I'm / .)

____

(4) 彼は人前で話すのが得意ではありません。(at / in / isn't / speaking / good / he) public.

______________________________ public.

6 次の日本文を英文になおしなさい。ただし，指定された語数で書くこと。

(1) 私をあなたの結婚式に招待してくれてありがとう。〔8語〕

____

(2) 私の姉は夕食を食べずに寝ました。〔8語〕

____

(3) 私たちは留学することに興味があります。〔6語〕

____

(4) 川で泳ぐのはどうですか。〔6語〕

____

らくらく マルつけ

Da-39

不定詞と動名詞の使い分け

Di-40

答えと解き方➡別冊 p.25

❶ 次の日本文に合うように(　)内から適するほうを選び，○でかこみなさい。

(1) 私たちはギターを弾いて楽しみました。

We enjoyed (to play / playing) the guitar.

(2) 彼は大阪を訪れたがっています。

He wants (to visit / visiting) Osaka.

(3) 私は大学に行くことを決めました。

I decided (to go / going) to college.

(4) メアリーはそのチラシを読まずに捨てました。

Mary threw away the flyer without (to read / reading) it.

(5) 父は車を洗い終えました。

My father finished (to wash / washing) the car.

ヒント

❶ (1)(2)(3)(5)直前の動詞が目的語に不定詞をとるか，動名詞をとるかを考える。
(4)前置詞のあとに動詞がくるときの形を考える。

❷ 次の日本文に合うよう，＿＿に適する語句を書きなさい。

(1) 私はあなたとまた会えることを望んでいます。

I ＿＿＿＿＿＿ you again.

(2) 私にEメールを送ってくれてありがとう。

Thank you ＿＿＿＿＿＿ an e-mail to me.

(3) 雨は1時間前にやみました。

It ＿＿＿＿＿＿ an hour ago.

(4) 私にとって中国語を話すのは難しいです。

It is difficult for me ＿＿＿＿＿＿ Chinese.

(5) 彼は外国で働くことに興味がありません。

He isn’t interested ＿＿＿＿＿＿ abroad.

❷ (1)「～を望む」はhope。
(2)「～をありがとう」はThank you for ～.。
(3)「～をやめる」はstop。
(4) itを使った形式主語構文では，真の主語はどのような形で表される？
(5)「～に興味がある」はbe interested in ～。

❸ 次の英文を日本文になおしなさい。

(1) I finished writing a letter half an hour ago.

(　　　　　　　　　　　　　　　　　　　　　　　　)

(2) Wash your hands before starting to cook.

(　　　　　　　　　　　　　　　　　　　　　　　　)

(3) He wants to go shopping to buy a new cap.

(　　　　　　　　　　　　　　　　　　　　　　　　)

(4) You are very good at taking care of children.

(　　　　　　　　　　　　　　　　　　　　　　　　)

❹ 次の日本文に合う英文になるように，(　)内の語を並べかえなさい。ただし，不要な語が１語ずつ含まれています。[文頭の文字も小文字になっていることがあります]

(1) 私にとって写真を撮ることはわくわくします。

(take / it's / me / to / taking / pictures / exciting / for / .)

____

(2) 彼女は車を運転することが好きですか。(car / like / she / a / driving / does / drive / ?)

____

(3) 裕二(ゆうじ)は話すのをやめて先生を見ました。

(at / talking / teacher / stopped / looked / talk / the / Yuji / and / .)

____

❺ 次の日本文を英文になおしなさい。ただし，指定された語数で書くこと。

(1) あなたはピアニストになりたいですか。〔７語〕

____

(2) 彼らは公園でテニスをして楽しみます。〔７語〕

____

(3) 私は何も買わずにその店を出ました。〔７語〕

____

(4) なぜあなたは日本に住むことを決めたのですか。〔８語〕

____

らくらくマルつけ

Da-40

まとめのテスト❷

／100点

答えと解き方➡別冊 p.25

❶ 次の日本文に合うものを(　)内から選び，記号で答えなさい。 [2点×4＝8点]

(1) 彼女は宿題をしなければいけません。 (　　　)

She (ア must　イ have　ウ has) to do her homework.

(2) 明日の朝，あなたに電話しましょうか。 (　　　)

(ア May　イ Shall　ウ Must) I call you tomorrow morning?

(3) 私はそこで彼に会って驚きました。 (　　　)

I was surprised (ア seeing　イ saw　ウ to see) him there.

(4) あなたはきっとよい教師になるだろうと思います。 (　　　)

I'm sure (ア that　イ when　ウ because) you will be a good teacher.

❷ 次の日本文に合うよう，＿＿に適する英語を書きなさい。 [4点×3＝12点]

(1) 写真を撮ることはおもしろいです。

＿＿＿＿ pictures ＿＿＿＿ interesting.

(2) もし明日雨なら，私たちは遠足に行けません。

＿＿＿＿ it ＿＿＿＿ tomorrow, we can't go on the field trip.

(3) あなたたちはここでは静かにしなければいけません。

You ＿＿＿＿ ＿＿＿＿ quiet here.

❸ 次の文をほぼ同じ意味を表す文に書きかえるとき，＿＿に適する語を書きなさい。

[4点×3＝12点]

(1) To speak Japanese is difficult for me.

＿＿＿＿ is difficult ＿＿＿＿ me ＿＿＿＿ speak Japanese.

(2) Would you like to send her an e-mail?

How ＿＿＿＿ ＿＿＿＿ her an e-mail?

(3) Can I borrow your textbook now?

＿＿＿＿ ＿＿＿＿ borrow your textbook now?

4 次の英文を日本文になおしなさい。［5点×4＝20点］

(1) Will you help us with the work?

(　　　　　　　　　　　　　　　　　　　　　　　　　　　　　　　)

(2) I go to the park to exercise.

(　　　　　　　　　　　　　　　　　　　　　　　　　　　　　　　)

(3) The students don't have to clean their classroom today.

(　　　　　　　　　　　　　　　　　　　　　　　　　　　　　　　)

(4) When I was ten years old, I came to Japan.

(　　　　　　　　　　　　　　　　　　　　　　　　　　　　　　　)

5 次の日本文に合う英文になるように，(　)内の語を並べかえなさい。［5点×4＝20点］

［文頭の文字も小文字になっていることがあります］

(1) 私はパーティーに着て行くものを買いたいです。

(buy / want / I / wear / to / to / something) to the party.

____ to the party.

(2) 彼女は友だちと話して楽しみました。(her / with / enjoyed / friends / she / talking / .)

(3) 彼はいそがしいので，来ないでしょう。(he's / won't / he / because / busy / come / .)

(4) 昼食にピザを食べましょうか。(have / for / we / lunch / pizza / shall / ?)

6 次の日本文を英文になおしなさい。ただし，指定された語数で書くこと。［7点×4＝28点］

(1) あなたは今，テレビを見てはいけません。〔6語〕

(2) 彼女は一輪車に乗ることが好きです。〔6語〕

(3) 私の夢はイタリアを訪れることです。〔6語〕

(4) 私はこのペンを使わなければいけませんか。〔7語〕

らくらく
マルつけ

Da-41

比較〈比較級❶〉

Di-42

答えと解き方➡別冊 p.26

❶ 次の英語の比較級を書きなさい。

(1) clean ＿＿＿＿＿＿

(2) small ＿＿＿＿＿＿

(3) tall ＿＿＿＿＿＿

(4) large ＿＿＿＿＿＿

(5) big ＿＿＿＿＿＿

(6) early ＿＿＿＿＿＿

❷ 次の日本文に合うように(　)内から適するほうを選び，○でかこみなさい。

(1) 彼は私の姉よりも年上です。

He is older (that / than) my sister.

(2) この橋はあの橋よりも長いです。

This bridge is (long / longer) than that one.

(3) 私の鉛筆は彼のよりも短いです。

My pencil is shorter than (he / his).

❸ 次の日本文に合うよう，＿＿に適する英語を書きなさい。

(1) このペンはあのペンよりも新しいです。

This pen is ＿＿＿＿＿＿ than that pen.

(2) 私のラケットはこのラケットよりも軽いです。

My racket is ＿＿＿＿＿＿ ＿＿＿＿＿＿ this one.

(3) 今日は昨日よりも暑いです。

Today is ＿＿＿＿＿＿ ＿＿＿＿＿＿ yesterday.

(4) 私のネコはあなたのよりも若いです。

My cat is ＿＿＿＿＿＿ than ＿＿＿＿＿＿ .

ヒント

❶ 1. 大部分の語
→ er をつける
2. 語尾が e の語
→ r をつける
3. 語尾が〈短母音＋子音字〉の語
→子音字を重ねて er をつける
4. 語尾が〈子音字＋ y〉の語
→ y を i にかえて er をつける

❷ (1)「〜よりも」という意味を表す語を選ぶ。
(2)「〜よりも長い」なので，比較級の文。
(3)「〜のもの」という意味を表す語を選ぶ。

❸ (1) new「新しい」を比較級にする。
(2)「〜よりも軽い」なので，light「軽い」を比較級にし，そのあとに「〜よりも」を表す語を続ける。
(3)「〜よりも暑い」なので，hot「暑い」を比較級にし，そのあとに「〜よりも」を表す語を続ける。
(4)「あなたの(もの)」という意味を表す代名詞を考える。

4 次の英文を日本文になおしなさい。

(1) This tree is taller than that one.

(　　　　　　　　　　　　　　　　　　　　)

(2) I get up earlier than my father.

(　　　　　　　　　　　　　　　　　　　　)

(3) The math test was easier than the science test.

(　　　　　　　　　　　　　　　　　　　　)

(4) My cup is newer than my mother's.

(　　　　　　　　　　　　　　　　　　　　)

5 次の日本文に合う英文になるように，(　)内の語句を並べかえなさい。

[文頭の文字も小文字になっていることがあります]

(1) 私の先生は私のおばよりも若いです。

(is / my teacher / than / my aunt / younger / .)

____

(2) 彼女はジョンよりもいそがしいです。(is / than / she / John / busier / .)

____

(3) この本はあの本よりも薄いです。(than / this book / thinner / that one / is / .)

____

6 次の日本文を英文になおしなさい。ただし，指定された語数で書くこと。

(1) このかばんは私のよりも古いです。〔6 語〕

____

(2) 彼女は私の兄よりも速く走ります。〔6 語〕

____

(3) 私のイヌは彼女のよりも大きいです。〔6 語〕

____

(4) あの箱はこの箱よりも重いです。〔7 語〕

____

らくらく
マルつけ

Da-42

比較〈比較級❷〉

答えと解き方➡別冊 p.26

❶ 次の英語の比較級を書きなさい。

(1) famous ________________

(2) beautiful ________________

(3) useful ________________

(4) important ________________

(5) carefully ________________

ヒント

❶ 比較的つづりの長い形容詞・副詞の比較級は，前に **more** を置いて作る。

(5) carefully は「慎重に，注意深く」という意味。

❷ 次の日本文に合うよう，____に適する英語を書きなさい。

(1) 数学は美術よりも人気があります。

Math is ________ ________ than art.

(2) 数学のテストは英語のテストよりも難しかったです。

The math test was ________ ________ than the English test.

(3) 今日の試合は昨日の試合よりもわくわくしました。

Today's game was ________ ________ than yesterday's game.

❷ すべて比較級にする。比較的つづりの長い形容詞なので，前に more を置いて作る。

❸ 次の文の( )内の英語を適する形にかえて____に書きなさい。ただし，１語とは限りません。

(1) This movie is (interesting) than that one.

This movie is ________________ than that one.

(2) My dog eats food (quickly) than my cat.

My dog eats food ________________ than my cat.

(3) She was (nervous) than Kenta.

She was ________________ than Kenta.

❸ ( )のあとに than が続いていることに注目。

(2) quickly は「速く，急いで」という意味。

(3) nervous は「不安で，緊張して」という意味。

4 次の英文を日本文になおしなさい。

(1) The new dictionary is more useful than the old one.

(　　　　　　　　　　　　　　　　　　　　　　　　　　　　)

(2) Baseball is more popular than soccer in my town.

(　　　　　　　　　　　　　　　　　　　　　　　　　　　　)

(3) Math is more important than science for me.

(　　　　　　　　　　　　　　　　　　　　　　　　　　　　)

(4) He drove more carefully than his friends.

(　　　　　　　　　　　　　　　　　　　　　　　　　　　　)

5 次の日本文に合う英文になるように，(　)内の語句を並べかえなさい。

［文頭の文字も小文字になっていることがあります］

(1) テニスは野球よりもわくわくします。

(is / exciting / more / baseball / than / tennis / .)

(2) 彼はリリーよりも真剣です。(Lily / serious / than / is / he / more / .)

(3) この鳥はあの鳥よりも美しいです。

(beautiful / is / more / than / that one / this bird / .)

6 次の日本文を英文になおしなさい。ただし，指定された語数で書くこと。

(1) この歌はあの歌よりも有名です。〔8語〕

(2) 私は兄よりもゆっくりと歩きます。〔7語〕

(3) 国語は数学よりもおもしろいです。〔6語〕

(4) このテストはあのテストよりも難しいですか。〔8語〕

らくらくマルつけ

Da-43

比較〈比較級❸〉

Di-44

答えと解き方➡別冊 p.27

❶ 次の英語の比較級を書きなさい。

(1) good ＿＿＿＿＿＿

(2) well ＿＿＿＿＿＿

(3) many ＿＿＿＿＿＿

(4) much ＿＿＿＿＿＿

❷ 次の日本文に合うよう，＿＿に適する英語を書きなさい。

(1) この辞書はあの辞書よりもよいです。

This dictionary is ＿＿＿＿＿＿ than that one.

(2) 彼は由紀(ゆき)よりも多くの本を持っています。

He has ＿＿＿＿＿＿ books ＿＿＿＿＿＿ Yuki.

(3) 圭太(けいた)はジョンよりもじょうずにテニスをします。

Keita plays tennis ＿＿＿＿＿＿ than John.

(4) 私は数学よりも理科のほうが好きです。

I like science ＿＿＿＿＿＿ than math.

❸ 次の日本文に合うように(　)内から適するほうを選び，○でかこみなさい。

(1) この本とあの本では，どちらのほうが新しいですか。

(Which / What) is newer, this book or that book?

(2) バスケットボールとサッカーでは，どちらのほうがわくわくしますか。

Which is (exciting / more exciting), basketball or soccer?

(3) 赤岳と旭岳では，どちらのほうが高いですか。

Which is higher, Mt. Aka (and / or) Mt. Asahi?

ヒント

❶ 不規則に変化する形容詞・副詞の比較級。good「よい」と well「じょうずに」，many「たくさんの」と much「大量の」の比較級は，それぞれ同じ形。

❷ (1) good の比較級。
(2) many の比較級。
(3) 副詞 well「じょうずに」の比較級。
(4)「…よりも～のほうが好きだ」は like ～ better than ... となる。

❸ (1) 特定のものから選ぶ場合は which，不特定のものから選ぶ場合は what を用いる。
(2) 比較級を選ぶ。
(3)「～か…」という意味を表す接続詞を選ぶ。

4 次の英文を日本文になおしなさい。

(1) This pencil is better than that one.

(　　　　　　　　　　　　　　　　　　　　)

(2) I have more dictionaries than my father.

(　　　　　　　　　　　　　　　　　　　　)

(3) I like cats better than dogs.

(　　　　　　　　　　　　　　　　　　　　)

(4) Which is older, her chair or his chair?

(　　　　　　　　　　　　　　　　　　　　)

5 次の日本文に合う英文になるように，(　)内の語句を並べかえなさい。

[文頭の文字も小文字になっていることがあります]

(1) あなたは理沙（りさ）よりもじょうずに料理します。(than / cook / better / Risa / you / .)

____

(2) 私は姉よりも多くの水を飲みます。(I / than / water / drink / more / my sister / .)

____

(3) 私は夏よりも冬のほうが好きです。(winter / I / better / summer / than / like / .)

____

(4) 野球とバレーボールでは，どちらのほうが人気がありますか。

(baseball / popular / which / more / volleyball / is / or / , / ?)

____

6 次の日本文を英文になおしなさい。ただし，指定された語数で書くこと。

(1) 彼はあなたよりも多くのネコを飼っています。〔6語〕

____

(2) 彼女は紅茶よりもコーヒーのほうが好きです。〔6語〕

____

(3) 1月と2月では，どちらのほうが寒いですか。〔6語〕

____

らくらく
マルつけ

Da-44

比較〈最上級①〉

Di-45

答えと解き方➡別冊 p.27

1 次の英語の最上級を書きなさい。

(1) young ＿＿＿＿＿＿

(2) small ＿＿＿＿＿＿

(3) tall ＿＿＿＿＿＿

(4) wise ＿＿＿＿＿＿

(5) hot ＿＿＿＿＿＿

(6) happy ＿＿＿＿＿＿

2 次の日本文に合うように(　)内から適するほうを選び，○でかこみなさい。

(1) 彼はクラスでいちばん背が高いです。

He is the tallest (in / of) his class.

(2) 私の髪は４人の中でいちばん長いです。

My hair is the longest (in / of) the four.

(3) 彼女はみんなの中でいちばん一生懸命勉強しました。

She studied the hardest (in / of) all.

3 次の日本文に合うよう，＿＿に適する英語を書きなさい。

(1) このペンは５本の中でいちばん新しいです。

This pen is ＿＿＿＿＿＿ ＿＿＿＿＿＿ of the five.

(2) 私はクラスでいちばん速く泳ぎます。

I swim ＿＿＿＿＿＿ ＿＿＿＿＿＿ in the class.

(3) ２月は１年の中でいちばん寒いです。

February is ＿＿＿＿＿＿ ＿＿＿＿＿＿ of the year.

(4) このテストは６つの中でいちばん簡単です。

This test is the ＿＿＿＿＿＿ ＿＿＿＿＿＿ the six.

ヒント

1 1. 大部分の語
→ est をつける
2. 語尾が e の語
→ st をつける
3. 語尾が〈短母音＋子音字〉の語
→子音字を重ねて est をつける
4. 語尾が〈子音字＋ y〉の語
→ y を i にかえて est をつける

2 あとに複数を表す語句が続くときは **of** を使う。場所・範囲を表す語句が続くときは **in** を使う。

3 「…の中でいちばん～」は〈the＋最上級＋in[of] ...〉で表す。
(4)あとに複数を表す語句が続いていることに注意。

4 次の英文を日本文になおしなさい。

(1) This tree is the tallest in my town.

(　　　　　　　　　　　　　　　　　　　　)

(2) I go to bed the earliest in my family.

(　　　　　　　　　　　　　　　　　　　　)

(3) This is the smallest computer in the world.

(　　　　　　　　　　　　　　　　　　　　)

(4) My cup is the newest of the ten.

(　　　　　　　　　　　　　　　　　　　　)

5 次の日本文に合う英文になるように，(　)内の語句を並べかえなさい。

(1) この山は中国でいちばん高いです。

This mountain (is / in / the / China / highest).

This mountain ＿＿＿＿＿＿＿＿＿＿＿＿＿＿＿＿＿＿＿＿.

(2) ジョンは家族の中でいちばん早く起きます。

John (up / earliest / family / in / his / gets).

John ＿＿＿＿＿＿＿＿＿＿＿＿＿＿＿＿＿＿＿＿.

(3) これは3つの中でいちばん大きな湖です。

This (the / is / largest / the three / lake / of).

This ＿＿＿＿＿＿＿＿＿＿＿＿＿＿＿＿＿＿＿＿.

6 次の日本文を英文になおしなさい。ただし，数字も英語で書くこと。

(1) この辞書はすべての中でいちばん古いです。

＿＿＿＿＿＿＿＿＿＿＿＿＿＿＿＿＿＿＿＿＿＿＿＿

(2) 私の父は家族の中でいちばん速く走ります。

＿＿＿＿＿＿＿＿＿＿＿＿＿＿＿＿＿＿＿＿＿＿＿＿

(3) あの川は日本でいちばん長いです。

＿＿＿＿＿＿＿＿＿＿＿＿＿＿＿＿＿＿＿＿＿＿＿＿

(4) これは4つの中でいちばん重い箱です。

＿＿＿＿＿＿＿＿＿＿＿＿＿＿＿＿＿＿＿＿＿＿＿＿

らくらく
マルつけ

Da-45

比較〈最上級❷〉

Di-46

答えと解き方➡別冊 p.28

❶ 次の英語の最上級を書きなさい。

(1) famous ＿＿＿＿＿＿

(2) beautiful ＿＿＿＿＿＿

(3) interesting ＿＿＿＿＿＿

(4) useful ＿＿＿＿＿＿

(5) important ＿＿＿＿＿＿

(6) carefully ＿＿＿＿＿＿

❷ 次の日本文に合うよう，＿＿には（　）内の英語を適する形にかえて書きなさい。〔　〕には of か in を書きなさい。

(1) この映画は日本でいちばん人気があります。

This movie is the ＿＿＿＿＿＿

〔　　　　〕Japan.　(popular)

(2) 私にとって数学はすべての教科の中でいちばん難しいです。

Math is the ＿＿＿＿＿＿

〔　　　　〕all subjects for me.　(difficult)

(3) 私は３冊の中でいちばん高価な辞書を買いました。

I bought the ＿＿＿＿＿＿

dictionary〔　　　　〕the three.　(expensive)

(4) このケーキはレストランでいちばんおいしいです。

This cake is the ＿＿＿＿＿＿

〔　　　　〕the restaurant.　(delicious)

(5) サッカーはすべてのスポーツの中でいちばんわくわくします。

Soccer is the ＿＿＿＿＿＿

〔　　　　〕all sports.　(exciting)

ヒント

❶ 比較的つづりの長い形容詞・副詞の最上級は，前に **most** を置いて作る。

❷ (1)「日本」という範囲を表す語が続いている。

(2)「すべての教科」という複数を表す語句が続いている。

(3)「３冊」という複数を表す語句が続いている。expensive は「高価な」という意味。

(4)「レストラン」という範囲を表す語句が続いている。

(5)「すべてのスポーツ」という複数を表す語句が続いている。

❸ 次の英文を日本文になおしなさい。

(1) This song is the most popular among boys.

(　　　　　　　　　　　　　　　　　　　　)

(2) She solved the problem the most easily of the four.

(　　　　　　　　　　　　　　　　　　　　)

(3) This is the most expensive bag in the shop.

(　　　　　　　　　　　　　　　　　　　　)

❹ 次の日本文に合う英文になるように，(　)内の語句を並べかえなさい。

［文頭の文字も小文字になっていることがあります］

(1) あの花は公園の中でいちばん美しいです。

(most / that flower / the park / beautiful / the / in / is / .)

(2) このグラフは私のスピーチの中でいちばん重要です。

(is / important / my speech / in / the / this graph / most / .)

(3) これは４つの中でいちばん難しいテストでした。

(of / was / this / the four / test / most / the / difficult / .)

❺ 次の日本文を英文になおしなさい。ただし，数字も英語で書くこと。

(1) この映画はすべての中でいちばんわくわくしました。

(2) この教科書は５冊の中でいちばん役に立ちます。

(3) 彼は私たちのクラスでいちばん注意深く考えます。

(4) 彼女はこの町でいちばん有名な歌手です。

らくらく
マルつけ

Da-46

比較〈最上級③〉

答えと解き方➡別冊 p.28

❶ 次の英語の最上級を書きなさい。

(1) good ＿＿＿＿＿＿

(2) well ＿＿＿＿＿＿

(3) many ＿＿＿＿＿＿

(4) much ＿＿＿＿＿＿

❷ 次の文の＿＿に（　）内の英語を適する形にかえて書きなさい。

(1) This guitar is the ＿＿＿＿＿＿ in the shop. (good)

(2) He took the ＿＿＿＿＿＿ pictures of the seven. (many)

(3) Meg plays tennis the ＿＿＿＿＿＿ in her class. (well)

(4) She has the ＿＿＿＿＿＿ money of the three. (much)

❸ 次の日本文に合うよう，＿＿に適する英語を書きなさい。

(1) クラスでいちばん背が高いのはだれですか。

＿＿＿＿＿＿ is the ＿＿＿＿＿＿ in the class?

(2) この写真は５枚の中でいちばんよいです。

This photo is the ＿＿＿＿＿＿ ＿＿＿＿＿＿ the five.

(3) この動物園には私の町でいちばん多くの動物がいます。

This zoo has ＿＿＿＿＿＿ ＿＿＿＿＿＿ animals in my town.

(4) 私はすべての教科の中で英語がいちばん好きです。

I like English the ＿＿＿＿＿＿ ＿＿＿＿＿＿ all subjects.

(5) 日本でいちばん人気のあるスポーツは何ですか。

＿＿＿＿＿＿ is the ＿＿＿＿＿＿ popular sport ＿＿＿＿＿＿ Japan?

ヒント

❶ 不規則に変化する形容詞・副詞の最上級。good「よい」とwell「じょうずに」，many「たくさんの」とmuch「大量の」の最上級は，それぞれ同じ形。

❷ いずれも不規則に変化する形容詞・副詞の最上級。

❸ (1)「だれ」と人をたずねる疑問詞で始める。
(2)あとに「５枚」と複数を表す語句が続く。
(3)「多くの動物」はmany animalsと表すことができる。
(4)あとに「すべての教科」という複数を表す語句が続く。
(5)「何」とたずねる疑問詞で始める。

❹ 次の英文を日本文になおしなさい。

(1) My mother has the most bags in my family.

(　　　　　　　　　　　　　　　　　　　　　　　　　　　　)

(2) He makes the best pizza of the five.

(　　　　　　　　　　　　　　　　　　　　　　　　　　　　)

(3) Which is the oldest temple in our town?

(　　　　　　　　　　　　　　　　　　　　　　　　　　　　)

❺ 次の日本文に合う英文になるように，(　)内の語句を並べかえなさい。

[文頭の文字も小文字になっていることがあります]

(1) 彼は私たちのクラスでいちばんじょうずに英語を話します。

(English / speaks / in / best / our class / he / the / .)

____

(2) 彼女は４人の中でいちばん多くの宿題をしました。

(the four / she / the / of / homework / did / most / .)

____

(3) 私はすべての動物の中でネコがいちばん好きです。

(all / best / I / of / cats / animals / like / the / .)

____

❻ 次の日本文を英文になおしなさい。ただし，数字も英語で書くこと。

(1) 彼は私たちのクラスでいちばんじょうずな歌手です。

____

(2) 彼女は４人の中でいちばんじょうずに泳ぎます。

____

(3) 私は家族の中でいちばん多くの本を持っています。

____

(4) ６人の中でだれがいちばん速く走りますか。

____

らくらく
マルつけ

Da-47

比較〈原級❶〉

Di-48

答えと解き方➡別冊 p.29

❶ 次の日本文に合うように(　)内から適するほうを選び，〇でかこみなさい。

(1) 彼女はケイトと同じくらい若いです。

She is as (young / younger) as Kate.

(2) 私のコートは彼女のと同じくらい高価です。

My coat is as (expensive / more expensive) as hers.

(3) 彼はジェーンと同じくらい一生懸命勉強しました。

He studied as hard (than / as) Jane.

❷ 次の日本文に合うよう，＿＿に適する英語を書きなさい。

(1) 彼はジムと同じくらい疲れています。

He's ＿＿＿＿ ＿＿＿＿ as Jim.

(2) あなたの傘は私のと同じくらい長いです。

Your umbrella is as ＿＿＿＿ ＿＿＿＿ mine.

(3) あなたはマイクと同じくらい注意深いです。

You're ＿＿＿＿ ＿＿＿＿ as Mike.

❸ 次の英文を日本文になおしなさい。

(1) I'm as tall as my father.

(　　　　　　　　　　)

(2) This movie is as popular as that one.

(　　　　　　　　　　)

(3) Today is as cold as yesterday.

(　　　　　　　　　　)

(4) She swims as fast as her teacher.

(　　　　　　　　　　)

ヒント

❶ (1)(2) as と as の間には，形容詞・副詞の原級(er / est や more / most をつけないもとの形)を置く。
(3) as ～ as ... の形で表す。

❷ つづりの長さにかかわらず，〈as ＋形容詞・副詞の原級＋ as ...〉の形にする。

❸「…と同じくらい～」という意味を表す。
(1) tall「(背が)高い」
(2) popular「人気のある」
(3) cold「寒い」
(4) fast「速く」

4 次の日本文に合う英文になるように，(　)内の語句を並べかえなさい。
[文頭の文字も小文字になっていることがあります]

(1) この川はあの川と同じくらい長いです。(that one / this river / as / long / is / as / .)

(2) 英語は数学と同じくらい重要です。(is / as / math / important / as / English / .)

(3) ジョンは彼のお父さんと同じくらいじょうずにテニスをします。
(well / tennis / his father / as / as / John / plays / .)

5 (　)内の語句を使って，次の文を「…と同じくらい～」という意味の文に書きかえなさい。

(1) I'm happy.　(Jack)

(2) Your bag is heavy.　(mine)

(3) This novel is interesting.　(that one)

(4) I have many pencils.　(my sister)

6 次の日本文を英文になおしなさい。ただし，指定された語数で書くこと。

(1) 健(けん)(Ken)は私の父と同じくらいいそがしいです。〔7語〕

(2) 彼女はリリー(Lily)と同じくらい注意深く考えます。〔6語〕

(3) このペンはあなたのと同じくらい新しいです。〔7語〕

(4) 私は兄と同じくらい多くの本を持っています。〔8語〕

らくらくマルつけ

Da-48

比較〈原級②〉

Di-49

答えと解き方➡別冊 p.30

❶ 次の日本文に合うよう，___に適する英語を書きなさい。

(1) 私のかばんはあなたのほど重くありません。

My bag ________ as ________ as yours.

(2) この小説はあの小説ほどおもしろくありませんでした。

This novel ________ as ________ as that one.

(3) 私はボブほど速く泳ぐことができません。

I ________ swim as ________ ________ Bob.

(4) 私は兄ほどたくさんのコーヒーを飲みません。

I ________ drink as ________ coffee ________ my brother.

ヒント

❶「…ほど～ではない」は not as ～ as ... の形。

(1) is の否定文にする。

(2)「～でした」と過去のことを述べている。

(3)「～することができません」なので，can の否定文にする。

(4) **coffee**「コーヒー」は数えられない名詞。

❷ 次の「*A* は *B* よりも～」という文を「*B* は *A* ほど～ではない」という文に書きかえるとき，___に適する語を書きなさい。

(1) Nick is older than Paul.

Paul ________ ________ old as Nick.

(2) That question is more difficult than these.

These questions ________ ________ difficult ________ that one.

(3) Mike studies harder than his brother.

Mike’s brother does ________ study as ________ ________ Mike.

(4) This singer is more famous than Lily.

Lily ________ ________ ________ ________ this singer.

❷ (1)もとの文「ニックはポールよりも年上です」

(2)もとの文「あの問題はこれらの問題よりも難しいです」

(3)もとの文「マイクは彼のお兄さん[弟さん]よりも一生懸命勉強します」

(4)もとの文「この歌手はリリーよりも有名です」

③ 次の英文を日本文になおしなさい。

(1) I'm not as busy as my mother.

( )

(2) This test isn't as difficult as that one.

( )

(3) She doesn't have as many dogs as my aunt.

( )

④ 次の日本文に合う英文になるように，( )内の語句を並べかえなさい。

[文頭の文字も小文字になっていることがあります]

(1) この辞書は私のほど便利ではありません。

(is / mine / as / useful / not / this dictionary / as / .)

(2) 私はジャックほど疲れていません。(as / not / as / I'm / tired / Jack / .)

(3) 彼はエマほど多くの本を持っていません。

(as / books / doesn't / have / Emma / he / many / as / .)

⑤ 次の日本文を英文になおしなさい。ただし，指定された語数で書くこと。

(1) このギターは私のほど新しくありません。〔7語〕

(2) この木はあの木ほど高くありませんでした。〔8語〕

(3) これらの映画はあの映画ほどわくわくしません。〔8語〕

(4) 彼は私の姉ほど速く走りません。〔8語〕

how to ～

答えと解き方➡別冊 p.30

1 次の日本文に合うように（　）内から適するほうを選び，○でかこみなさい。

(1) 彼はピアノの弾き方を知っています。

He knows (how / how to) play the piano.

(2) あなたはこのジャケットの洗い方を知っていますか。

Do you know how (to wash / wash) this Jacket?

(3) 彼女にクッキーの焼き方を教えて。

Teach her how (to bake / baking) cookies.

ヒント
❶「～のしかた」「どうやって～したらよいか」は〈how to＋動詞の原形〉で表す。

2 次の日本文に合うよう，＿＿に適する英語を書きなさい。

(1) 私は泳ぎ方を知りません。

I don't know ＿＿＿＿＿ ＿＿＿＿＿ swim.

(2) あなたはその箱の開け方を知っていますか。

Do you know ＿＿＿＿＿ to ＿＿＿＿＿ the box?

(3) 私に英語の勉強のしかたを教えて。

Tell me ＿＿＿＿＿ ＿＿＿＿＿ study English.

❷ (1)(2)〈how to＋動詞の原形〉が動詞 know の目的語になった形。
(3)「(人)に(もの)を教える」は〈tell＋人＋もの〉で表す。ここでは〈もの〉の位置に〈how to＋動詞の原形〉がきている。

3 (　)内の意味を加えて次の文を書きかえるとき，＿＿に適する語を書きなさい。

(1) I know.（琴の弾き方）

I know ＿＿＿＿＿ ＿＿＿＿＿ play the *koto*.

(2) She learned.（電車の乗り換えのしかた）

She learned how ＿＿＿＿＿ ＿＿＿＿＿ trains.

(3) He taught me.（このコンピューターの使い方）

He taught me ＿＿＿＿＿ to ＿＿＿＿＿ this computer.

❸ (2)「電車を乗り換える」は **change trains** で表す。
(3) to の後ろは，必ず動詞の原形が続く。

❹ 次の英文を日本文になおしなさい。

(1) I don’t know how to join the team.

(　　　　　　　　　　　　　　　　　　　　　　　　　　)

(2) Do you know how to buy a ticket?

(　　　　　　　　　　　　　　　　　　　　　　　　　　)

(3) Please tell me how to catch a fish.

(　　　　　　　　　　　　　　　　　　　　　　　　　　)

(4) He showed me how to use this camera.

(　　　　　　　　　　　　　　　　　　　　　　　　　　)

❺ 次の日本文に合う英文になるように，(　)内の語句を並べかえなさい。

[文頭の文字も小文字になっていることがあります]

(1) 私は駅への行き方を知っています。(to / the station / know / to / I / get / how / .)

(2) 彼は一輪車の乗り方を学びたいと思っています。

(a unicycle / to / he / learn / to / how / wants / ride / .)

(3) 私にスキーのしかたを教えてくれませんか。

(can / how / ski / me / teach / you / to / ?)

❻ 次の日本文を英文になおしなさい。ただし，指定された語数で書くこと。

(1) 私はギターの弾き方を学びました。〔7語〕

(2) 彼はこの漢字の読み方を知りません。〔8語〕

(3) 私は彼女にスパゲッティの調理方法をたずねました。〔7語〕

(4) 私にそのドアの開け方を教えて。〔7語〕

らくらくマルつけ

Da-50

what to ～

答えと解き方➡別冊 p.31

❶ 次の日本文に合うように(　)内から適するほうを選び，○でかこみなさい。

(1) 私は夕食に何を食べればよいか知っています。

I know what (eat / to eat) for dinner.

(2) 彼女は何を読めばよいかわかりませんでした。

She didn't know (how / what) to read.

(3) 私は彼に何の科目を勉強したらよいかたずねました。

I asked him (what subject / subject what) to study.

❷ 次の日本文に合うよう，＿＿に適する英語を書きなさい。

(1) 彼は何を練習すればよいか知っていますか。

Does he know ＿＿＿＿ to ＿＿＿＿ ?

(2) 私はTシャツに何の色を選ぶべきか決められません。

I can't decide ＿＿＿＿ ＿＿＿＿

＿＿＿＿ choose for my T-shirt.

❸ (　)内の意味を加えて次の文を書きかえるとき，＿＿に適する語を書きなさい。

(1) I know.（何について書くべきか）

I know ＿＿＿＿ ＿＿＿＿ write about.

(2) He's wondering.（何を買えばよいか）

He's wondering what ＿＿＿＿ ＿＿＿＿ .

(3) Meg told me.（イベントで何の歌を歌うべきか）

Meg told me ＿＿＿＿ ＿＿＿＿ to

＿＿＿＿ at the event.

ヒント

❶ (1)〈what to ＋動詞の原形〉で「何を～すべきか」という意味。
(2) how to ～は「～のしかた」「どうやって～したらよいか」という意味。
(3)「何の(名詞)を～すべきか」は what のあとに名詞を置く。

❷ それぞれ「何」を表す疑問詞を使う。
(2) choose は「～を選ぶ」という意味。

❸ (1) write about ～で「～について書く」という意味。
(2) wonder は「～だろうかと思う」という意味。
(3)「何の～」は〈what ＋名詞〉で表す。

4 次の英文を日本文になおしなさい。

(1) She doesn't know what to wear at the party.

(　　　　　　　　　　　　　　　　　　　　　　　　)

(2) I know what to explain in my speech.

(　　　　　　　　　　　　　　　　　　　　　　　　)

(3) He asked me what food to buy for lunch.

(　　　　　　　　　　　　　　　　　　　　　　　　)

5 次の日本文に合う英文になるように，(　)内の語句を並べかえなさい。

[文頭の文字も小文字になっていることがあります]

(1) 彼は朝食に何を作ればよいか知っています。

(for / knows / cook / what / to / breakfast / he / .)

____

(2) 私は祭りで何をしたらよいか知りません。

(at / do / don't / to / I / what / know / the festival / .)

____

(3) 次に何のスポーツをしたらよいか私に教えてくれませんか。

(what / you / to / sport / can / me / tell / next / play / ?)

____

6 次の日本文を英文になおしなさい。ただし，指定された語数で書くこと。

(1) 私は何を言うべきかわかりませんでした。〔6語〕

____

(2) 彼女は大学で何を勉強すればよいか知っています。〔7語〕

____

(3) 何の本を読めばよいか彼に教えましょう。〔7語〕

____

(4) 彼は私にテレビで何を見ればよいかたずねました。〔8語〕

____

らくらく
マルつけ

Da-51

where to ～

Di-52

答えと解き方➡別冊 p.31

1 次の日本文に合うように(　)内から適するほうを選び，○でかこみなさい。

(1) あなたはどこでおどるべきか知っていますか。

Do you know (what / where) to dance?

(2) 私はフランス語をどこで学ぶべきかについて考えています。

I'm thinking about where (to learn / learning) French.

(3) 彼は私にどこで本を読むべきか教えてくれました。

He told me (where to / where do I) read a book.

2 次の日本文に合うよう，＿＿に適する英語を書きなさい。

(1) 彼女はどこでテニスをするべきか知っています。

She knows ＿＿＿＿ ＿＿＿＿ play tennis.

(2) 私は次にどこに行くべきか知りません。

I don't know ＿＿＿＿ to ＿＿＿＿ next.

(3) どこで待てばよいか私に教えてください。

Please tell me ＿＿＿＿ ＿＿＿＿ wait.

3 (　)内の意味を加えて次の文を書きかえるとき，＿＿に適する語を書きなさい。

(1) She knows.（どこでその映画を見るべきか）

She knows ＿＿＿＿ ＿＿＿＿ see the movie.

(2) I can't decide.（どこでスケートをするべきか）

I can't decide where ＿＿＿＿ ＿＿＿＿.

(3) He asked me.（今晩どこで夕食を食べるべきか）

He asked me ＿＿＿＿ to ＿＿＿＿ dinner this evening.

ヒント

1 (1)「どこで」と場所をたずねる疑問詞を選ぶ。
(2)(3)「どこで～すべきか」は〈where to + 動詞の原形〉で表す。

2 それぞれ「どこで[に]」と場所をたずねる疑問詞を使う。

3 (2)「スケートをする」は skate で表す。
(3)「～を食べる」は eat や have で表す。

4 次の英文を日本文になおしなさい。

(1) Do you know where to buy the shoes?

(　　　　　　　　　　　　　　　　　　　　　　　　)

(2) We are thinking about where to meet tomorrow.

(　　　　　　　　　　　　　　　　　　　　　　　　)

(3) Please tell me where to take the bus.

(　　　　　　　　　　　　　　　　　　　　　　　　)

5 次の日本文に合う英文になるように，(　)内の語句を並べかえなさい。

[文頭の文字も小文字になっていることがあります]

(1) あなたはどこでこの本を借りるべきか知っていますか。

(know / you / to / borrow / do / this book / where / ?)

___

(2) 彼はどこに滞在すべきだろうかと思っています。

(is / he / where / to / wondering / stay / .)

___

(3) どこに座ればよいか私に教えてくれませんか。

(tell / where / me / sit / you / to / can / ?)

___

6 次の日本文を英文になおしなさい。ただし，指定された語数で書くこと。

(1) 私はどこでサッカーを練習したらよいか知っています。〔6語〕

___

(2) 彼女はどこで音楽を勉強すべきか知っていますか。〔7語〕

___

(3) どこに行けばよいか彼にたずねましょう。〔6語〕

___

(4) 彼は私にどこに住むべきか教えてくれました。〔6語〕

___

らくらく
マルつけ

Da-52

53 when to ～

Di-53

答えと解き方➡別冊 p.32

1 次の日本文に合うように(　)内から適するほうを選び，〇でかこみなさい。

(1) テッドはいつ音楽を聞くべきか知っています。

Ted knows (when / where) to listen to music.

(2) 彼は私にいつ水を飲むべきかたずねました。

He asked me when (to drink / drinking) water.

(3) いつパーティーを開くべきだろうか。

I wonder (when to / when should) hold the party.

2 次の日本文に合うよう，＿＿に適する英語を書きなさい。

(1) あなたはいつ出発すべきか知っていますか。

Do you know ＿＿＿＿ ＿＿＿＿ start?

(2) 彼はこの機器をいつ使えばよいか知っています。

He knows ＿＿＿＿ to ＿＿＿＿ this device.

(3) メグはいついいえと言うべきか考えています。

Meg is wondering ＿＿＿＿ ＿＿＿＿ say no.

3 (　)内の意味を加えて次の文を書きかえるとき，＿＿に適する語を書きなさい。

(1) I know.（いつ彼に会うべきか）

I know ＿＿＿＿ ＿＿＿＿ see him.

(2) Tell me.（いつ写真を撮るべきか）

Tell me when ＿＿＿＿ ＿＿＿＿ pictures.

(3) Did Jack ask you?（いつその本を返すべきか）

Did Jack ask you ＿＿＿＿ ＿＿＿＿ ＿＿＿＿ the book?

ヒント

1 (1)「いつ」と時をたずねる疑問詞を選ぶ。
(2)(3)「いつ～すべきか」は〈when to ＋動詞の原形〉で表す。

2 それぞれ「いつ」と時をたずねる疑問詞を使う。
(2) device は「機器」という意味。

3 (2)(3)〈tell[ask] ＋人＋もの〉の〈もの〉の位置に「いつ～すべきか」がきている。

4 次の英文を日本文になおしなさい。

(1) Do you know when to help her?

(　　　　　　　　　　　　　　　　　　　　　　　　　)

(2) She doesn't know when to take the train.

(　　　　　　　　　　　　　　　　　　　　　　　　　)

(3) He told me when to take a break.

(　　　　　　　　　　　　　　　　　　　　　　　　　)

5 次の日本文に合う英文になるように，(　)内の語句を並べかえなさい。
[文頭の文字も小文字になっていることがあります]

(1) 私はいつこのEメールを送ればよいか知っています。

(to / when / send / I / this e-mail / know / .)

____

(2) いつ空港へ出発すべきか彼にたずねましょう。

(for / when / let's / to / leave / ask / him / the airport / .)

____

(3) いつ昼食を作るべきか私に教えてくれませんか。

(you / make / can / lunch / to / me / when / tell / ?)

____

6 次の日本文を英文になおしなさい。ただし，指定された語数で書くこと。

(1) 私はいつ彼女に電話すべきか決められません。〔7語〕

____

(2) あなたはいつこれらの窓を閉めるべきか知っていますか。〔8語〕

____

(3) 私は母にいつ風呂に入るべきかたずねました。〔9語〕

____

(4) 彼女は私にいつピアノを練習すべきか教えてくれました。〔8語〕

____

らくらく
マルつけ

Da-53

which to ～

Di-54

答えと解き方➡別冊 p.32

❶ 次の日本文に合うように(　)内から適するほうを選び，○でかこみなさい。

(1) あなたはどちらを聞くべきか知っていますか。

Do you know (what / which) to listen to?

(2) 彼は私にどちらについて話すべきかたずねました。

He asked me which (to talk / talking) about.

(3) どちらのコンピューターを使うべきだろうか。

I wonder (which computer / computer which) to use.

ヒント

❶ (1)「どちら」とたずねる疑問詞を選ぶ。

(2)〈which　to ＋動詞の原形〉で「どちらを～すべきか」という意味を表す。

(3)「どちらの(名詞)を～すべきか」は **which** のあとに名詞を置く。

❷ 次の日本文に合うよう，____に適する英語を書きなさい。

(1) 私はどちらを確認すべきかわかりません。

I don't know ________ ________ check.

(2) 彼はどちらの歌を歌うべきか知っています。

He knows ________ ________ to sing.

(3) 私はどちらの方法を選ぶべきか決めました。

I decided ________ way ________ choose.

❷ (1)「どちら」は疑問詞 which で表す。

(3) **way** は「方法」という意味。

❸ (　)内の意味を加えて次の文を書きかえるとき，____に適する語を書きなさい。

(1) Please tell me.（次はどちらに挑戦すべきか）

Please tell me ________ ________

________ next.

(2) Did Alice tell you?（どちらの国に行くべきか）

Did Alice tell you ________ ________

________ go to?

❸ (1)「～に挑戦する」は try で表す。

(2)「どちらの～」は〈which ＋ 名詞〉で表す。

❹ 次の英文を日本文になおしなさい。

(1) He doesn't know which to send.

(　　　　　　　　　　　　　　　　　　　　)

(2) She knows which box to open.

(　　　　　　　　　　　　　　　　　　　　)

(3) I forgot which key to use.

(　　　　　　　　　　　　　　　　　　　　)

❺ 次の日本文に合う英文になるように，(　)内の語を並べかえなさい。

[文頭の文字も小文字になっていることがあります]

(1) あなたはどちらを練習するべきか知っていますか。

(to / which / do / know / you / practice / ?)

____

(2) どちらのバスに乗るべきだろうか。(bus / I / which / take / to / wonder / .)

____

(3) どちらの店を訪れるべきか私に教えてくれませんか。

(to / visit / which / show / can / shop / me / you / ?)

____

❻ 次の日本文を英文になおしなさい。ただし，指定された語数で書くこと。

(1) 私はどちらを買うべきかわかりません。〔6 語〕

____

(2) 彼女はどちらを勉強すべきか知りませんでした。〔6 語〕

____

(3) どちらの本を読むべきか私に教えて。〔6 語〕

____

(4) あなたはどちらの映画を見るべきか決められますか。〔7 語〕

____

らくらく
マルつけ

Da-54

受け身

Di-55

答えと解き方➡別冊 p.33

❶ 次の動詞の過去分詞を書きなさい。

(1) clean ＿＿＿＿　(2) use ＿＿＿＿

(3) love ＿＿＿＿　(4) make ＿＿＿＿

(5) take ＿＿＿＿　(6) see ＿＿＿＿

(7) write ＿＿＿＿　(8) read ＿＿＿＿

❷ 次の日本文に合うものを（　）内から選び，記号で答えなさい。

(1) この部屋は毎日掃除されます。（　　　）

This room is (ア clean　イ cleaning　ウ cleaned) every day.

(2) サッカーは世界中でプレーされています。（　　　）

Soccer (ア is　イ does　ウ are) played all over the world.

(3) 佐倉(さくら)先生は生徒たちに好かれています。（　　　）

Ms. Sakura is liked (ア for　イ by　ウ with) her students.

❸ 次の日本文に合うよう，＿＿に適する英語を書きなさい。

(1) この学校ではフランス語が教えられています。

French is ＿＿＿＿ at this school.

(2) これらの本は英語で書かれています。

These books ＿＿＿＿ ＿＿＿＿ in English.

(3) この神社は多くの観光客に訪れられます。

This shrine ＿＿＿＿ ＿＿＿＿ ＿＿＿＿ many tourists.

ヒント

❶ (1)～(3)規則動詞の過去分詞は過去形と同じ形。
(4)～(8)不規則動詞は不規則に変化する。

❷ (1)「～される」という受け身の文の動詞の形は？
(2)主語に注目する。all over the worldは「世界中で」という意味。
(3)「～に(よって)」を表す前置詞を選ぶ。

❸ (1) **teach-taught-taught** と変化する。
(2)主語に注目する。
(3)「多くの観光客に(よって)」を文末に置く。

❹ 次の英文を日本文になおしなさい。

(1) Chinese is spoken in this country.

(　　　　　　　　　　　　　　　　　　　　　　　　　　　　)

(2) This bike is used by my mother.

(　　　　　　　　　　　　　　　　　　　　　　　　　　　　)

(3) These songs are sung all over the world.

(　　　　　　　　　　　　　　　　　　　　　　　　　　　　)

(4) These video games are loved by many young people.

(　　　　　　　　　　　　　　　　　　　　　　　　　　　　)

❺ 次の日本文に合う英文になるように，(　)内の語を並べかえなさい。

[文頭の文字も小文字になっていることがあります]

(1) これらの部屋はリサによって掃除されます。

(rooms / Lisa / cleaned / are / by / these / .)

(2) その公園は週末に多くの人に訪れられます。

(on / visited / people / by / is / weekends / park / many / the / .)

(3) その日本人の作家は世界中で知られています。

(known / Japanese / the / is / world / writer / all / the / over / .)

❻ 次の日本文を英文になおしなさい。ただし，指定された語数で書くこと。

(1) この机は拓海(たくみ)(Takumi)によって使われています。〔6語〕

(2) この鳥は春に見られます。〔6語〕

(3) 卵はあの店で売られています。〔6語〕

(4) 皿は私の父によって洗われます。〔7語〕

らくらくマルつけ

Da-55

受け身の時制

Di-56

答えと解き方➡別冊 p.34

❶ 次の日本文に合うものを(　)内から選び，記号で答えなさい。

(1) 日本語はここで話されています。　(　　　)

Japanese (ア is　イ was　ウ will be) spoken here.

(2) この部屋は掃除されるでしょう。　(　　　)

This room (ア is　イ was　ウ will be) cleaned.

(3) これらのかばんはフランスで作られました。　(　　　)

These bags (ア are　イ were　ウ will be) made in France.

❷ 次の日本文に合うよう，____に適する英語を書きなさい。

(1) この写真は京都で撮られました。

This picture ________ ________ in Kyoto.

(2) これらのペンはマイクによって使われています。

These pens ________ ________ by Mike.

(3) 彼らはパーティーに招待されるでしょう。

They ________ ________ ________ to the party.

❸ 次の文を下線部を主語にした受け身の文に書きかえるとき，____に適する語を書きなさい。

(1) The students study <u>Japanese</u>.

Japanese ________ ________ by the students.

(2) He wrote <u>these books</u>.

These books ________ ________ by him.

(3) My mother will cook <u>lunch</u>.

Lunch ________ ________ ________ by my mother.

ヒント

❶ 現在の文ではis[are]，過去の文ではwas[were]，未来の文では**will be**を使う。

❷ (1)(2)主語と時制に注目。
(3)助動詞のあとの動詞の形に注意。

❸ (1)上の文の動詞は現在形。
(2)上の文の動詞は過去形。
(3)上の文ではwillが使われている。

❹ 次の英文を日本文になおしなさい。

(1) My house was built ten years ago.

(　　　　　　　　　　　　　　　　　　　　)

(2) These cars are washed once a month.

(　　　　　　　　　　　　　　　　　　　　)

(3) This pen was found under the sofa.

(　　　　　　　　　　　　　　　　　　　　)

(4) His birthday party will be held next week.

(　　　　　　　　　　　　　　　　　　　　)

❺ 次の日本文に合う英文になるように，(　)内の語を並べかえなさい。

[文頭の文字も小文字になっていることがあります]

(1) その本は来月，出版されるでしょう。

(next / be / book / published / month / will / the / .)

(2) これらの絵は祖母によって描かれました。

(by / painted / grandmother / pictures / my / were / these / .)

(3) その男の子は友だちにトモと呼ばれています。

(Tomo / his / boy / called / the / friends / by / is / .)

❻ 次の日本文を英文になおしなさい。

(1) インドでは多くの言語が話されています。

(2) この部屋は私の兄によって掃除されました。

(3) その本は明日，返却されるでしょう。

(4) これらの写真は紗枝(さえ)(Sae)によって撮られました。

らくらくマルつけ

Da-56

57 受け身の否定文

Di-57

答えと解き方➡別冊 p.34

1 適するものを（　）内から選び，記号で答えなさい。

(1) These desks (ア isn't　イ aren't　ウ weren't) used now.　(　　)

(2) The song wasn't (ア sing　イ sung　ウ singing) at the concert.　(　　)

(3) The car (ア isn't　イ wasn't　ウ won't) be driven by my brother.　(　　)

2 次の日本文に合うよう，＿＿に適する英語を書きなさい。

(1) フランス語はこの国では話されていません。

French ＿＿＿＿ ＿＿＿＿ in this country.

(2) これらの写真は恵理（えり）によって撮られたのではありません。

These pictures ＿＿＿＿ ＿＿＿＿ by Eri.

(3) この本は小さい子どもには好まれないでしょう。

This book ＿＿＿＿ ＿＿＿＿ ＿＿＿＿ by young children.

3 次の文を否定文に書きかえるとき，＿＿に適する語を書きなさい。

(1) This town is visited by many people in winter.

This town ＿＿＿＿ ＿＿＿＿ by many people in winter.

(2) The letter will be delivered today.

The letter ＿＿＿＿ ＿＿＿＿ ＿＿＿＿ today.

(3) We were invited to the party.

We ＿＿＿＿ ＿＿＿＿ to the party.

ヒント

❶ (1) now「今」という語があることに注目。主語は複数。
(2)前に be 動詞があることに注目。The song「その歌」が主語。
(3)あとに be があることに注目。driven は drive の過去分詞。

❷ 時制と主語に注目。空所の数に注意して短縮形を使う。

❸ (1)(3)受け身の否定文の作り方は be 動詞の文と同じ。空所の数に注意して短縮形を使う。
(2) will の否定文にする。空所の数に注意して短縮形を使う。deliver は「～を配達する」という意味。

❹ 次の英文を日本文になおしなさい。

(1) The animal is not seen in Japan.

(　　　　　　　　　　　　　　　　　　　　)

(2) This computer was not used yesterday.

(　　　　　　　　　　　　　　　　　　　　)

(3) Dinner will not be made by my mother tonight.

(　　　　　　　　　　　　　　　　　　　　)

(4) These books aren't written in difficult English.

(　　　　　　　　　　　　　　　　　　　　)

❺ 次の日本文に合う英文になるように，(　)内の語を並べかえなさい。

[文頭の文字も小文字になっていることがあります]

(1) そのくつはこの店では売られていません。

(at / shoes / sold / are / store / those / not / this / .)

(2) 私はその話を聞かされませんでした。(told / wasn't / story / I / the / .)

(3) その問題は今日は話し合われないでしょう。

(today / discussed / problem / be / the / won't / .)

❻ 次の日本文を英文になおしなさい。ただし，指定された語数で書くこと。

(1) この寺はずっと昔に建てられたのではありません。〔9語〕

(2) その俳優は日本では知られていません。〔6語〕

(3) この門は今日は開かれないでしょう。〔7語〕

(4) 私は両親に動物園に連れていってもらえないでしょう。〔10語〕

らくらく
＼マルつけ／

Da-57

受け身の疑問文と答え方

Di-58

答えと解き方➡別冊 p.35

1 適するものを(　)内から選び，記号で答えなさい。

(1) (ア Are　イ Is　ウ Do) these books loved by many young people?　(　　　)

(2) (ア Is　イ Was　ウ Were) this room cleaned yesterday?　(　　　)

(3) Is the girl (ア call　イ called　ウ calls) Chika by her classmates?　(　　　)

2 ＿＿に適する語を書いて，答えの文を完成させなさい。

(1) Is this computer used by your sister?
— Yes, it ＿＿＿＿＿.

(2) Were those buildings built five years ago?
— Yes, ＿＿＿＿＿ ＿＿＿＿＿.

(3) Was math taught by Ms. Nakano last year?
— No, ＿＿＿＿＿ ＿＿＿＿＿.

3 次の文を〔　〕内の指示にしたがって書きかえるとき，＿＿に適する語を書きなさい。

(1) This letter is written in Japanese. 〔疑問文に〕
＿＿＿＿＿ this letter ＿＿＿＿＿ in Japanese?

(2) He was liked by everyone. 〔疑問文に〕
＿＿＿＿＿ he ＿＿＿＿＿ by everyone?

(3) These watches are made in the U.K.
〔下線部をたずねる疑問文に〕
＿＿＿＿＿ ＿＿＿＿＿ these watches ＿＿＿＿＿?

ヒント

❶ (1)主語が複数で，あとに loved があることに注目。
(2)主語が単数で，あとに yesterday があることに注目。
(3) Is で文が始まっていることに注目。

❷ (1) Is ～? の疑問文に Yes で答えている。
(2) Were ～? の疑問文に Yes で答えている。主語の those building は，答えの文では代名詞で受ける。
(3) Was ～? の疑問文に No で答えている。主語の math は，答えの文では代名詞で受ける。

❸ (1)(2)受け身の疑問文の作り方は be 動詞の文と同じ。
(3)下線部を「どこで」とたずねる疑問文にする。

4 次の英文を日本文になおしなさい。

(1) Is the movie watched all over the world?

(　　　　　　　　　　　　　　　　　　　　)

(2) Were these cups washed by your father?

(　　　　　　　　　　　　　　　　　　　　)

(3) How many people are invited to the party?

(　　　　　　　　　　　　　　　　　　　　)

(4) Are those dogs taken care of by Mr. Smith?

(　　　　　　　　　　　　　　　　　　　　)

5 次の日本文に合う英文になるように，(　)内の語を並べかえなさい。

[文頭の文字も小文字になっていることがあります]

(1) 朝食はいつも彼によって作られますか。

(always / by / cooked / him / breakfast / is / ?)

(2) ラジオはいつ発明されましたか。(radio / invented / was / when / the / ?)

(3) あなたはお母さんからそのかばんをもらったのですか。

(you / mother / bag / given / were / your / the / by / ?)

6 次の日本文を英文になおしなさい。

(1) カナダでは英語とフランス語が話されていますか。

(2) ((1)の答えとして)はい，話されています。

(3) この写真はニック(Nick)によって撮られましたか。

(4) ((3)の答えとして)いいえ，撮られていません。

らくらくマルつけ

Da-58

by を用いない受け身

答えと解き方➡別冊 p.36

❶ 次の日本文に合うように(　)内から適するほうを選び，○で囲みなさい。

(1) 彼の名前は学校のみんなに知られています。

His name is known (to / for) everyone in the school.

(2) 水槽は水で満たされていました。

The tank was filled (of / with) water.

(3) ワインはブドウからできています。

Wine is made (of / from) grapes.

❷ 次の日本文に合うよう，＿＿に適する英語を書きなさい。

(1) 庭が雪でおおわれています。

The garden is ＿＿＿＿ ＿＿＿＿ snow.

(2) このベンチは木でできています。

This bench is ＿＿＿＿ ＿＿＿＿ wood.

(3) 彼は日本文化に興味があります。

He is ＿＿＿＿ ＿＿＿＿ Japanese culture.

(4) その市は美しい城で知られています。

The city is ＿＿＿＿ ＿＿＿＿ its beautiful castle.

❸ 次の文をほぼ同じ意味を表す文に書きかえるとき，＿＿に適する語を書きなさい。

(1) I was surprised to hear the news.

I was surprised ＿＿＿＿ the news.

(2) She is a famous scientist.

She is well known ＿＿＿＿ a scientist.

ヒント

❶ (1) **be known to** 〜は知られている相手を，**be known for** 〜は知られている理由を表す。
(2) fill 〜 with ... で「〜を…で満たす」。
(3)もとの材料が見た目からわかる場合は **be made of** 〜，見た目からではわからない場合は **be made from** 〜を使う。

❷ (1)「〜をおおう」は cover で表す。
(2)ベンチを見て，木でできていることがわかる。
(3)「〜に興味を持たせる」は interest で表す。
(4) its beautiful castle は，知られている理由。

❸ (1)「〜に驚いた」という意味になる。
(2)「〜としてよく知られている」という意味になる。

④ 次の英文を日本文になおしなさい。

(1) The singer is known for her powerful voice.

(　　　　　　　　　　　　　　　　　　　　　　　　)

(2) The table was covered with a white cloth.

(　　　　　　　　　　　　　　　　　　　　　　　　)

(3) I'm interested in this new movie.

(　　　　　　　　　　　　　　　　　　　　　　　　)

(4) This chair is made of plastic.

(　　　　　　　　　　　　　　　　　　　　　　　　)

⑤ 次の日本文に合う英文になるように，(　)内の語句を並べかえなさい。ただし，不要な語句が１つずつ含まれています。[文頭の文字も小文字になっていることがあります]

(1) その丘は木々でおおわれています。(trees / covered / hill / by / the / with / is / .)

____

(2) チョコレートはカカオ豆でできています。

(from / is / of / cacao beans / chocolate / made / .)

____

(3) 私たちは大きな音に驚きました。

(loud / surprised / the / we / in / noise / were / at / .)

____

⑥ 次の日本文を英文になおしなさい。ただし，指定された語数で書くこと。

(1) そのカップはコーヒーで満たされていました。〔6語〕

____

(2) そのサッカー選手たちは多くの日本の人々に知られています。〔9語〕

____

(3) チーズは牛乳からできていますか。〔5語〕

____

(4) 彼女は音楽に興味がありません。〔6語〕

____

らくらく
マルつけ

Da-59

まとめのテスト❸

／100 点

答えと解き方➡別冊 p.36

❶ 次の日本文に合うものを(　)内から選び，記号で答えなさい。［2点×3＝6点］

(1) この映画は3つの中でいちばんわくわくします。　(　　　　)

This movie is the (ア more　イ most　ウ best) exciting of the three.

(2) このかばんとあのかばんでは，どちらのほうが安いですか。　(　　　　)

(ア Which　イ Who　ウ What) is cheaper, this bag or that bag?

(3) オンラインでこの本を買う方法を私に教えてください。　(　　　　)

Please tell me how (ア buy　イ to buy　ウ buying) this book online.

❷ 次の日本文に合うよう，＿＿に適する英語を書きなさい。［4点×3＝12点］

(1) 彼は家族の中でいちばん早く寝ます。

He goes to bed ＿＿＿＿ ＿＿＿＿ ＿＿＿＿ his family.

(2) この時計は父から私に与えられました。

This watch ＿＿＿＿ ＿＿＿＿ to me ＿＿＿＿ my father.

(3) この机はあの机と同じくらい重いです。

This desk is ＿＿＿＿ ＿＿＿＿ ＿＿＿＿ that one.

❸ 次の文をほぼ同じ意味を表す文に書きかえるとき，＿＿に適する語を書きなさい。

［4点×4＝16点］

(1) Tomoki asked me, “Where should I practice soccer?”

Tomoki asked me ＿＿＿＿ ＿＿＿＿ ＿＿＿＿ soccer.

(2) Tom is older than Emma.

Emma is ＿＿＿＿ ＿＿＿＿ Tom.

(3) Yuka plays tennis better than Kumi. Shoko plays tennis better than Yuka.

Shoko plays tennis ＿＿＿＿ ＿＿＿＿ of the three.

(4) He doesn’t make breakfast.

Breakfast ＿＿＿＿ ＿＿＿＿ ＿＿＿＿ him.

❹ 次の英文を日本文になおしなさい。［5点×4＝20点］

⑴ He ate the most donuts of the four.

(　　　　　　　　　　　　　　　　　　　　　　　　　　　　)

⑵ Do you know which station to change trains at?

(　　　　　　　　　　　　　　　　　　　　　　　　　　　　)

⑶ My work schedule will be decided tomorrow.

(　　　　　　　　　　　　　　　　　　　　　　　　　　　　)

⑷ When were these pictures taken?

(　　　　　　　　　　　　　　　　　　　　　　　　　　　　)

❺ 次の日本文に合う英文になるように，(　)内の語句を並べかえなさい。［6点×3＝18点］

［文頭の文字も小文字になっていることがあります］

⑴ 私は何について話すべきかわかりません。

(to / know / about / don't / what / I / talk / .)

⑵ 私はあなたほどいそがしくありません。(you / not / as / I'm / busy / as / .)

⑶ その作家は世界中の人々に知られています。

(people / over / is / to / the world / known / the writer / all / .)

❻ 次の日本文を英文になおしなさい。ただし，指定された語数で書くこと。［7点×4＝28点］

⑴ その小説はあの小説よりもおもしろかったです。〔8語〕

⑵ 私たちはいつその事実を彼に伝えるべきかわかりません。〔9語〕

⑶ 彼女はパンよりもご飯のほうが好きです。〔6語〕

⑷ この本はあなたのお兄さんによって書かれましたか。〔7語〕

らくらく
マルつけ

Da-60

チャレンジテスト❶

／100点

答えと解き方➡別冊 p.37

1 **次の日本文に合うものを(　)内から選び，記号で答えなさい。**【大阪府】［5点×5＝25点］

(1) 私は私の姉よりも速く走ることができます。　(　　　)

I can run (ア fast　イ faster　ウ fastest) than my sister.

(2) 私にとって人々の前で話すことは簡単ではありません。　(　　　)

(ア Speak　イ Spoken　ウ Speaking) in front of people is not easy for me.

(3) ここで写真を撮ってもいいですか。　(　　　)

(ア May　イ Must　ウ Will) I take a picture here?

(4) あれは大阪で最も高い山です。　(　　　)

That is the (ア high　イ higher　ウ highest) mountain in Osaka.

(5) 私は今日，たくさんの宿題をしなければなりません。　(　　　)

I must (ア do　イ doing　ウ to do) a lot of homework today.

2 **次の文を〔　〕内の指示にしたがって書きかえるとき，＿＿に適する語を書きなさい。**

［6点×6＝36点］

(1) This temple was built <u>about 200 years ago</u>. 〔下線部をたずねる疑問文に〕

＿＿＿＿ ＿＿＿＿ this temple ＿＿＿＿?

(2) How can I use this machine? Show me the way. 〔ほぼ同じ意味を表す文に〕

Show me ＿＿＿＿ ＿＿＿＿ ＿＿＿＿ this machine.

(3) I have to clean this room. 〔①疑問文にして，② No で答える〕

① ＿＿＿＿ I ＿＿＿＿ ＿＿＿＿ clean this room?

— ② No, you ＿＿＿＿.

(4) Let's buy some hot drinks. 〔ほぼ同じ意味を表す文に〕

Let's buy something ＿＿＿＿ ＿＿＿＿ ＿＿＿＿.

(5) How about having lunch with us? 〔ほぼ同じ意味を表す文に〕

＿＿＿＿ you like ＿＿＿＿ ＿＿＿＿ lunch with us?

3 次の対話が成り立つように，（　）内の語を並べかえなさい。ただし，⑵は不要な語が1語含まれています。［6点×3＝18点］

⑴ *A*: I saw you near Toyama Station at seven yesterday morning. 【富山県】

B: I (take / there / to / was) the 7:19 Shinkansen.

A: I see. Where did you go?

I ______________________________ the 7:19 Shinkansen.

⑵ *A*: What do (do / watching / going / you / to / before) bed? 【神奈川県】

B: I usually watch news on TV.

What do ______________________________ bed?

⑶ *A*: The math test was very difficult. 【沖縄県】

B: Really? It was (me / easy / answer / to / for) all the questions.

A: Oh, I didn't have time to finish the test.

It was ______________________________ all the questions.

4 次の対話が成り立つように，（　）内の語に必要な2語を加えて____に入れ，英文を完成させなさい。【秋田県】［7点×3＝21点］

⑴ 〈留学生と下校中に〉

Patricia: I'll go camping tomorrow. But I hear it'll rain this evening.

Eriko: Don't worry.

It ______________________ tomorrow morning. (stop)

The weather news said so.

⑵ 〈授業中の話し合いで〉

Nancy: I always go to bed at ten. I think sleeping well is important.

Maiko: I agree. And I think eating breakfast ______________________

as sleeping well. (important)

So I eat breakfast every morning.

⑶ 〈休み時間にALTの先生から話しかけられて〉

Mr. Lee: Do you have any plans for the summer vacation, Ayumi?

Ayumi: Yes. My mother and I ______________________ visit my

grandfather's house in Nara. (going)

らくらくマルつけ

Da-61

チャレンジテスト❷

／100点

答えと解き方➡別冊 p.38

1 次の対話文の＿＿に，（　）内の英語を適する形（１語）にかえて書きなさい。【千葉県】

［4点×3＝12点］

(1) *A*: There ＿＿＿＿＿＿ many trees around here 20 years ago.　(be)

B: Really?　We can only see tall buildings now.

(2) *A*: I hear that tomorrow will be the ＿＿＿＿＿＿ day of this month.　(hot)

B: Wow!　I don't like hot days.

(3) *A*: Lucy and Sam dance well, don't they?

B: They do!　But we can't dance like them without ＿＿＿＿＿＿ many times.　(practice)

2 次の英文の（　）に適するものを下から選び，記号で答えなさい。［6点×5＝30点］

(1) *A*: There (　　　) a lot of children in the park.　Why?　【沖縄県】

B: They have a summer festival today.

ア be　　イ am　　ウ are　　エ is　　（　　　　）

(2) *A*: You play the piano very well.　【岩手県】

B: Thank you.　Can you sing this song?

A: Yes.　This song is often (　　　) in music class in Japan.

B: Oh really?　Please sing it.　I will play the piano.

ア sang　　イ sing　　ウ singing　　エ sung　　（　　　　）

(3) *A*: Thank you for your help.　【沖縄県】

B: No, problem.　I'm so happy (　　　) you.

ア to help　　イ help　　ウ helped　　エ can help　　（　　　　）

(4) Don't take any food to the school library.　You (　　　) eat there.　【鳥取県】

ア should　　イ can　　ウ don't have to　　エ must not　　（　　　　）

(5) Which school event do you like (　　　)?　【神奈川県】

ア good　　イ well　　ウ better than　　エ the best　　（　　　　）

3 次の対話が成り立つように，（　）内の語句を並べかえなさい。ただし，(1)は不要な語が１語含まれています。［7点×4＝28点］［文頭の文字も小文字になっていることがあります］

(1) *A*: What (work / be / you / did / to / want) when you were a child? 【神奈川県】

B: A doctor. I was interested in helping many people.

What ______________________ when you were a child?

(2) *Yoshie*: (use / can / you / do / your father / think) this computer? 【山形県】

David: Yes. He often writes e-mails with it.

______________________ this computer?

(3) *A*: (be / what / like / the weather / will) tomorrow? 【宮崎県】

B: It'll be sunny.

______________________ tomorrow?

(4) *A*: What is your plan for this weekend? 【栃木県】

B: My plan (shopping / to / is / go) with my sister.

My plan ______________________ with my sister.

4 Ryota は，英語の授業で，自分が住むあおぞら町（Aozora Town）について紹介することになり，下の原稿を準備しました。あなたが Ryota なら，①～③の内容をどのように英語で表しますか。それぞれ４語以上の英文を書き，下の原稿を完成させなさい。

【三重県】［10点×3＝30点］

【原稿】

Hello, everyone. I am going to tell you about Aozora Town.
① あおぞら町はひかり山（Mt. Hikari）で有名だということ。
② 春にひかり山に登ったら，多くの美しい花を見ることができるということ。
③ ひかり山の近くのレストランはあおぞら町でいちばん人気があるということ。
Thank you.

①

②

③

らくらくマルつけ

Da-62

□ 編集協力　㈱オルタナプロ　鹿島由紀子　白石あゆみ
□ 本文デザイン　土屋裕子(㈲ウエイド)
□ コンテンツデザイン　㈲Y-Yard

シグマベスト
アウトプット専用問題集
中2英語[文法]

編　者　文英堂編集部
発行者　益井英郎
印刷所　岩岡印刷株式会社
発行所　株式会社文英堂
〒601-8121　京都市南区上鳥羽大物町28
〒162-0832　東京都新宿区岩戸町17
(代表)03-3269-4231

●落丁・乱丁はおとりかえします。

ΣBEST シグマベスト

アウトプット専用問題集

書いて定着

中2英語 文法

答えと解き方

文英堂

1 There is[are] ～. の文 本冊 p.4

❶ (1) **There** (2) **are** (3) **There's**
❷ (1) **is** (2) **are**
(3) **There are** (4) **There's**
❸ (1) **There are** (2) **There's**
❹ (1) テーブルの下にボールが(１つ)あります。
(2) 箱の中に卵が５つあります。
(3) 体育館にたくさんの生徒がいます。
(4) いすのそばにかばんが(１つ)あります。
❺ (1) **There is a pencil on the desk.**
(2) **There are some restaurants near the station.**
(3) **There's a notebook in my bag.**
❻ (1) **There are two cats on the bed.**
(2) **There is a[one] guitar by[near] the window.**
(3) **There's a[one] zoo in our city.**
(4) **There are many people in the park.**

解き方

❶ (1) 「(…に)～があります[います]」は〈**There is[are]** ～(＋場所を表す語句)**.**〉で表します。
(2) あとの名詞が単数の場合は **be** 動詞は **is**, 複数の場合は **be** 動詞は **are** を使います。
(3) There's は There is の短縮形です。
❸ (1) 日本語訳 「私の家の前に車が１台あります」→「私の家の前に車が２台あります」
(2) 日本語訳 「机の上に消しゴムが１つあります」
❹ (3) **a lot of** ～は「たくさんの～」という意味です。
❺ (1) There is に a pencil を続け,「机の上に」は on the desk で表します。
(2) There are に some restaurants を続け,「駅の近くに」は near the station で表します。
(3) There's に a notebook を続け,「私のかばんの中に」は in my bag で表します。
❻ (1) 「ネコが２ひき」なので be 動詞は are です。
(2) 「ギターが１本」なので be 動詞は is です。
(3) 語数から，短縮形 There's を使います。
(4) 語数から,「たくさんの」は many で表します。

2 There is[are] ～. の否定文 本冊 p.6

❶ (1) **isn't** (2) **any** (3) **are**
❷ (1) **isn't** (2) **are, any**
(3) **aren't any[are no]**
❸ (1) **is not** (2) **not any**
(3) **aren't any[are no]**
❹ (1) 学校の近くに図書館はありません。
(2) 教室に生徒は(１人も)いません。
(3) 壁に時計はありません[かかっていません]。
(4) 公園に高い木は(１本も)ありません。
❺ (1) **There isn't a dictionary in the desk.**
(2) **There aren't any cars on the street.**
(3) **There are no eggs in the refrigerator.**
❻ (1) **There is not an onion on the table.**
(2) **There are not any flowers in the garden[yard].**
(3) **There is no hotel around here.**
(4) **There isn't a dog under the chair.**

解き方

❶ **There is[are]** ～**.** の否定文は，**be** 動詞のあとに **not** を置いて作ります。
(1) あとの名詞が単数なので，isn't を選びます。
(2) 否定文では any を使います。not ～ any で「１つも～ない」という意味です。
(3) no は１語で「１つも～ない」という意味を表すので，not は不要です。
❸ (1) 日本語訳 「壁に絵が１枚かかっています」→「壁に絵はかかっていません」
(2) 日本語訳 「公園に男の子が何人かいます」→「公園に男の子は１人もいません」
(3) 日本語訳 「いすのそばにネコが何びきかいます」→「いすのそばにネコは１ぴきもいません」
❹ (4) **no** は **not** ～ **any** とほぼ同じ意味です。
❺ (1) There isn't に a dictionary を続けます。

(2) There aren't に any cars を続けます。

(3) 「～はありません」は There is[are] no ～. でも表せます。no のあとは名詞を置きます。refrigerator は「冷蔵庫」という意味です。

❻ (1) an を使うので an onion とします。

(2) any を使うので any flowers とします。

(3) 「～はありません」を There is no ～. で表します。no のあとの名詞は単数形・複数形両方可能です。「このあたりに」は around here で表します。

(4) isn't を使うので a dog と単数にします。

3 There is[are] ～. の疑問文と答え方

本冊 p.8

❶ (1) **Is** (2) **Are** (3) **a doll**

❷ (1) **is** (2) **there are**

(3) **No, there**

❸ (1) **Is** (2) **Are there**

(3) **Are there any**

❹ (1) あなたの筆箱の中に消しゴムはありますか。

(2) 図書館に生徒は(何人か)いますか。

(3) この近くによいレストランは(いくつか)ありますか。

(4) 机の上に腕時計はありますか。

❺ (1) **Is there a cat on the chair?**

(2) **Are there any pictures on the wall?**

(3) **Are there many students in your school?**

(4) **Is there a bank near the station?**

❻ (1) **Is there a[one] piano in your room?**

(2) **Yes, there is.**

(3) **Are there any books on the desk?**

(4) **No, there are not[aren't].**

解き方

❶ **There is[are] ～.** の疑問文は，**be** 動詞を **there** の前に出して作ります。

❷ Is[Are] there ～? には **Yes, there is[are]. / No, there is[are] not.** で答えます。

(1) 日本語訳 「この市に遊園地はありますか」「はい，あります」

(2) 日本語訳 「この図書館に英語の本はありますか」「はい，あります」

(3) 日本語訳 「郵便局の前に自転車はありますか」「いいえ，ありません」

❸ (1) 日本語訳 「ソファの上にイヌが1ぴきいます」→「ソファの上にイヌはいますか」

(2) 日本語訳 「ドアのそばに女の子が何人かいます」→「ドアのそばに女の子はいますか」

(3) 日本語訳 「箱の中にリンゴがいくつかあります」→「箱の中にリンゴはありますか」

❹ 〈Is there ～（＋場所を表す語句)?〉は「(…に)～はありますか[いますか]」，〈Are there any ～(＋場所を表す語句)?〉は「(…に)～は(いくつか)ありますか[いますか]」です。

❺ (1) Is there に a cat を続けます。

(2) Are there に any pictures を続けます。

(3) Are there に many students を続けます。

(4) Is there に a bank を続けます。

❻ (1) 「1台」なので be 動詞は is です。

(2) Is there ～? に「はい」と答えます。

(3) 「何冊か」なので be 動詞は are です。疑問文で「いくつかの」はふつう any で表します。

(4) Are there ～? に「いいえ」と答えます。

4 There was[were] ～. の文

本冊 p.10

❶ (1) ウ (2) ウ (3) イ

❷ (1) **was** (2) **There was**

(3) **There were**

❸ (1) **There was** (2) **There were**

❹ (1) 公園に男の子が(1人)いました。

(2) 机の上に古いコンピューターが(1台)ありました。

(3) 木の下にネコが何びきかいました。

(4) パーティーに100人の人がいました。

❺ (1) **There was a cap on the bed.**

(2) **There was a hospital here.**

(3) **There were some students in**

front of the station.

❻ (1) **There was a[one] bag under the table.**

(2) **There were some notebooks on the floor.**

(3) **There were many[a lot of] children in the gym.**

(4) **There was a[one] woman by [near] the tree.**

解き方

❶ 「(…に)～がありました[いました]」は〈**There was[were]** ～ (＋場所を表す語句).〉で表します。

(1) あとの名詞が単数なので was を選びます。

(2)(3) あとの名詞が複数なので were を選びます。

❸ (1) 日本語訳 「テーブルの上にコップが１つあります」→「テーブルの上にコップが１つありました」

(2) 日本語訳 「ケージの中にウサギが１羽いました」→「ケージの中にウサギが何羽かいました」

❹ (4) hundred は「100」という意味です。

❺ (1) There was に a cap を続けます。

(2) There was に a hospital を続けます。

(3) There were に some students を続けます。「駅の前に」は in front of the station で表します。

❻ (1) 「かばんが１つ」なので be 動詞は was です。

(2) 「ノートが何冊か」なので be 動詞は were です。「床の上に」は on the floor で表します。

(3) 「たくさんの子ども」なので be 動詞は were です。

(4) 「女性が１人」なので be 動詞は was です。

5 There was[were] ～. の否定文

本冊 p.12

❶ (1) **wasn't** (2) **any** (3) **were**

❷ (1) **was not** (2) **were not**

(3) **weren't any[were no]**

❸ (1) **was not** (2) **were not any**

(3) **weren't any[were no]**

❹ (1) 彼女の部屋にピアノはありませんでした。

(2) 通りに車は(１台も)ありませんでした。

(3) 木の下にイヌはいませんでした。

(4) 郵便受けに手紙は(１通も)ありませんでした。

❺ (1) **There weren't any chairs in the meeting room.**

(2) **There was not a pool at the school.**

(3) **There were no knives in the kitchen.**

❻ (1) **There was not a theater near my house.**

(2) **There were no books on the shelf.**

(3) **There wasn't a computer in his room.**

(4) **There weren't any pandas in the zoo.**

解き方

❶ **There was[were]** ～. の否定文は，**be** 動詞のあとに **not** を置いて作ります。

(1) あとの名詞が単数なので, wasn't を選びます。

(2) 否定文では any を使います。

(3) あとに no があるので，not は不要です。

❸ (1) 日本語訳 「門のそばに男の子が１人いました」→「門のそばに男の子はいませんでした」

(2) 日本語訳 「かごの中にリンゴがいくつかありました」→「かごの中にリンゴは１つもありませんでした」

(3) 日本語訳 「花びんに花が何本かありました」→「花びんに花は１本もありませんでした」

❹ (4) mailbox は「郵便受け」という意味です。

❺ (2) 「学校に」は at the school で表します。

(3) 「～はありませんでした」は There was[were] no ～. で表すこともできます。knives は knife「包丁，ナイフ」の複数形です。

❻ (1) a を使うので a theater とします。

(2) 「～はありませんでした」を There were no ～. で表します。

(3) 語数から，短縮形 wasn't を使います。

(4) any を使うので any pandas とします。語数から，短縮形 weren't を使います。

6 There was[were] ～. の疑問文と答え方

本冊 p.14

❶ (1) **Was**　(2) **Were**
(3) **any textbooks**

❷ (1) **was**　(2) **there were**
(3) **there wasn't**

❸ (1) **Was**　(2) **Were there**
(3) **Were there any**

❹ (1) テーブルの下にかばんは(いくつか)ありましたか。
(2) このあたりに大きな公園はありましたか。
(3) あなたのクラスに外国からの生徒[留学生]はいましたか。
(4) 図書館に辞書は(何冊か)ありましたか。

❺ (1) **Was there a pen on his desk?**
(2) **Were there any difficult words in the book?**
(3) **Were there a lot of flowers in the garden?**

❻ (1) **Were there any famous actors at the party?**
(2) **Yes, there were.**
(3) **Was there a[one] white dog under the tree then?**
(4) **No, there was not[wasn't].**

解き方

❶ **There was[were] ～.** の疑問文は，**be** 動詞を **there** の前に出して作ります。

❷ Was[Were] there ～? には Yes, there was [were]. / No, there was[were] not. で答えます。
(1) 日本語訳 「壁に時計はかかっていましたか」「はい，かかっていました」
(2) 日本語訳 「あなたの小学校にアメリカ人の先生はいましたか」「はい，いました」
(3) 日本語訳 「昨年，この公園にブランコはありましたか」「いいえ，ありませんでした」

❸ (1) 日本語訳 「テーブルの上にオレンジが１つありました」→「テーブルの上にオレンジはありましたか」
(2) 日本語訳 「エマの部屋に日本語の本が何冊かありました」→「エマの部屋に日本語の本はありましたか」
(3) 日本語訳 「川に魚が何びきかいました」→「川に魚はいましたか」

❹ (3) foreign は「外国(から)の」という意味です。

❺ (1) Was there に a pen を続けます。
(2) Were there に any difficult words を続けます。word は「単語，ことば」という意味です。

❻ (1) 「何人か」なので be 動詞は were です。
(2) Were there ～? に「はい」と答えます。
(3) 「１ぴき」なので，be 動詞は was です。
(4) Was there ～? に「いいえ」と答えます。

7 〈How many＋名詞＋are there ～?〉

本冊 p.16

❶ (1) **books**　(2) **are**

❷ (1) **How many, there**
(2) **many, were there**

❸ (1) **How many, are**
(2) **How, were there**
(3) **pictures were there**

❹ (1) この市に図書館はいくつありますか。
(2) 駅の前にバスは何台ありますか。
(3) 冷蔵庫の中に卵はいくつありましたか。
(4) パーティーに何人の人がいましたか。

❺ (1) **How many computers are there in this room?**
(2) **How many novels were there on the bookshelf?**
(3) **How many players are there on the soccer team?**

❻ (1) **How many teachers are there in your school?**
(2) **How many bikes were there in front of your house?**
(3) **How many boxes are there by[near] the door?**
(4) **How many birds were there on**

the bench?

解き方

❶ (1) **how many** のあとの名詞は複数形です。
(2) 前の名詞が複数形なので，be 動詞は are を使います。

❷ 「(…に)～はいくつありますか[ありましたか]」は〈**How many**＋名詞＋**are[were] there** (＋場所を表す語句)**?**〉で表します。

❸ (1) 日本語訳 「テーブルの下にイヌが２ひきいます」→「テーブルの下にイヌは何びきいますか」
(2) 日本語訳 「箱の中にモモが６つありました」→「箱の中にモモはいくつありましたか」
(3) 日本語訳 「壁に絵が１枚かかっていました」→「壁に絵は何枚かかっていましたか」

❺ (2) novel は「小説」，bookshelf は「本棚」という意味です。

❻ (1)(3) 「ありますか[いますか]」なので be 動詞は are です。
(2)(4) 「ありましたか[いましたか]」なので be 動詞は were です。「ベンチ」は bench で表します。

8 〈will＋be 動詞〉の文 本冊 p.18

❶ (1) **be** (2) **will** (3) **You'll**
❷ (1) **will** (2) **be**
(3) **will be** (4) **We'll**
❸ (1) **will be** (2) **I'll**
❹ (1) 今度の土曜日はくもりでしょう。
(2) 私は将来，看護師になるつもりです。
(3) 彼女は驚くでしょう。
(4) 彼らは来年，高校生になるでしょう[なります]。
❺ (1) **I will be free tomorrow.**
(2) **He will be a soccer player.**
(3) **It'll be cold next Monday.**
(4) **We'll be at home tonight.**
❻ (1) **You will be eight years old tomorrow.**
(2) **I'll be a scientist.**
(3) **It will be sunny next Wednesday.**
(4) **He'll be busy this afternoon.**

解き方

❶ 〈**will** ＋動詞の原形〉で未来のことを表します。「～だろう」という未来の予測や，「～するつもりだ」という意志を表すことができます。
(1) **be** 動詞の原形は **be** です。
(2) あとに be が続くので，will を選びます。天候・寒暖・時などを表す文では主語に **it** を使います。この it は日本語には訳しません。
(3) あとに be が続くので，前には will が必要です。You will の短縮形 You'll を選びます。ここでの be は「～になる」という意味です。

●〈主語＋ will〉の短縮形

I will → I'll	he will → he'll
she will → she'll	we will → we'll
they will → they'll	it will → it'll

❸ (1) 日本語訳 「彼らは音楽家です」→「彼らは将来，音楽家になるでしょう」
(2) 日本語訳 「私は来月，ニューヨークにいるでしょう」

❹ (1) 「～だろう」という未来の予測を表します。
(2) 「～するつもりだ」という意志を表します。
(3) surprised は「驚いた」という意味です。

❺ 「～でしょう[～するつもりです]」は〈主語＋will＋動詞の原形～.〉の語順です。

❻ (1) 「～歳」は～ years old です。
(2) 語数から，短縮形 I'll を使います。
(3) 天候を表す文では主語に it を使います。
(4) 語数から，短縮形 he'll を使います。「今日の午後」は this afternoon で表します。

9 〈will＋一般動詞〉の文 本冊 p.20

❶ (1) **will** (2) **go** (3) **practice**
❷ (1) **will** (2) **study**
(3) **will play** (4) **He'll buy**
❸ (1) **will watch** (2) **She'll listen**
❹ (1) 私は(私の)祖母に電話するつもりです。
(2) 彼らはこれらのコンピューターを使う

でしょう。

⑶ 私たちは明日，(その)イベントに参加するつもりです。

⑷ 彼女は今夜，家にいるでしょう。

❺ ⑴ **We will go shopping.**

⑵ **You'll like this present.**

⑶ **He'll clean his room today.**

⑷ **I will do my homework tomorrow.**

❻ ⑴ **I will study English.**

⑵ **She will go to the party.**

⑶ **They'll play tennis next Friday.**

⑷ **He'll come to my house today.**

解き方

❶ ⑴ 「～するつもりです」という日本文から，will を選びます。

⑵ will のあとなので動詞の原形を選びます。

⑶ They'll は They will の短縮形なので，will のないほうを選びます。

❷ ⑶ 「～するつもりです」は〈will＋動詞の原形〉で表します。

⑷ 「～するでしょう」は〈will＋動詞の原形〉で表します。

❸ ⑴ 日本語訳 「私はテレビを見ます」→「私はテレビを見るつもりです」

⑵ 日本語訳 「彼女は音楽を聞きます」→「彼女は音楽を聞くでしょう」

❹ ⑶ join は「参加する」，event は「イベント，行事」という意味です。

❻ ⑶ 語数から，短縮形 they'll を使います。

⑷ 語数から，短縮形 he'll を使います。

10 will の否定文 本冊 p.22

❶ ⑴ ウ ⑵ ア ⑶ イ

❷ ⑴ **will not** ⑵ **will not be**

⑶ **won't go**

❸ ⑴ **will not** ⑵ **will not study**

⑶ **won't be**

❹ ⑴ 私は今日，働くつもりではありません。

⑵ 彼女は今日の午後，ひまではないでしょう。

⑶ 彼らはギターを弾かないでしょう。

⑷ 私の母は今度の日曜日，(彼女の)車を洗わないでしょう。

❺ ⑴ **It will not be rainy in Hokkaido.**

⑵ **I won't have dinner with her.**

⑶ **He won't help his father.**

❻ ⑴ **We will not swim in the river.**

⑵ **My brother won't go to the park tomorrow.**

⑶ **I won't read this book tonight.**

⑷ **It will not be warm next week.**

解き方

❶ ⑴ 「～ではないでしょう[～するつもりではありません]」は **will** の否定文で表すことができます。will のような助動詞の否定文は，助動詞のあとに **not** を置きます。

⑵ will not のあとは動詞の原形が続きます。

⑶ won't は will not の短縮形です。

❸ ⑴ 日本語訳 「私たちはテニスをするつもりです」→「私たちはテニスをするつもりではありません」

⑵ 日本語訳 「彼は数学を勉強するでしょう」→「彼は数学を勉強しないでしょう」

⑶ 書きかえた文は It で始まり，空所が２つなので，will not は won't にします。

日本語訳 「今度の日曜日は暑くなるでしょう」→「今度の日曜日は暑くならないでしょう」

❺ 「～ではないでしょう[～するつもりではありません]」は〈主語＋will not[won't]＋動詞の原形～.〉の語順です。

⑴ 日本文につられて Hokkaido を主語にしないようにしましょう。天候・気候を表す文では主語に it を使い，場所は in ～で表します。

❻ ⑵⑶ 語数から，短縮形 won't を使います。

11 will の疑問文と答え方 本冊 p.24

❶ ⑴ **Will** ⑵ **Will** ⑶ **go**

❷ ⑴ **will** ⑵ **she will**

⑶ **they won't**

❸ (1) **Will** (2) **Will, stay**
(3) **Will it be**

❹ (1) あなたは今日，この自転車を使うつもりですか。
(2) 彼女はあなたと(いっしょに)買い物に行くでしょうか。
(3) その男の子たちは明日，中国語を勉強するでしょうか。
(4) あなたの弟さんは来週，10 歳になりますか。

❺ (1) **Will he buy a guitar next month?**
(2) **Will she walk her dog?**
(3) **Will you be a nurse in the future?**
(4) **Will it be snowy tomorrow?**

❻ (1) **Will you call your sister tonight?**
(2) **Yes, I will.**
(3) **Will it be sunny in Osaka tomorrow?**
(4) **No, it will not[won't].**

解き方

❶ (1)(2) 「～でしょうか[～するつもりですか]」は **will** の疑問文で表すことができます。will のような助動詞の疑問文は，助動詞を主語の前に出します。
(3) will の疑問文なので，動詞は原形を使います。

❷ 〈Will＋主語～?〉には〈Yes, 主語＋will.〉/〈No, 主語＋will not[won't].〉で答えます。
(1) 日本語訳 「あなたは今日，自分の部屋を掃除するつもりですか」「はい，そのつもりです」
(2) 日本語訳 「森さんは明日，いそがしいでしょうか」「はい，いそがしいでしょう」
(3) 日本語訳 「彼らはパーティーに来るでしょうか」「いいえ，来ないでしょう」

❸ (1) 日本語訳 「彼はサッカーを練習するでしょう」→「彼はサッカーを練習するでしょうか」
(2) 日本語訳 「あなたは今度の土曜日，家にいるつもりです」→「あなたは今度の土曜日，家にいるつもりですか」
(3) 日本語訳 「今日の夕方は涼しくなるでしょう」→「今日の夕方は涼しくなるでしょうか」

❹ (4) ここでの be は「～になる」という意味です。

❺ 「～でしょうか[～するつもりですか]」は〈Will ＋主語＋動詞の原形～?〉の語順です。
(2) walk は「～を散歩させる」という意味です。

❻ (2) Will you ～? に「はい」と答えるので，Yes, I will. を使います。
(4) Will it ～? に「いいえ」と答えるので，No, it will not[won't]. を使います。

12 疑問詞を使った will の疑問文と答え方

本冊 p.26

❶ (1) **When** (2) **will**
(3) **will make**

❷ (1) **Where will**
(2) **How will, go[get]**
(3) **Who will help**

❸ (1) **What will** (2) **What time will**
(3) **Where will, do**

❹ (1) 彼女はいつ体育館に行くでしょうか。
(2) 彼らは今夜，テレビで何を見るでしょうか。
(3) あなたはノートを何冊買うつもりですか。
(4) だれがこの部屋を掃除するでしょうか。

❺ (1) **Where will you study?**
(2) **Why will he go to school tomorrow?**
(3) **How will the weather be next Saturday?**

❻ (1) **I will[I'll] visit them next[on] Sunday.**
(2) **I will[I'll] play it in[at] the park.**
(3) **I will[I'll] call Daniel.**

解き方

❶ (1) 「今度の日曜日」と時を答えているので，When「いつ」を選びます。
日本語訳 「あなたはいつバスケットボールを練習するつもりですか」「私は今度の日曜日にそれを練習するつもりです」
(2) will で答えているので will の疑問文にします。

日本語訳 「彼らは放課後に何をするでしょうか」「彼らは英語を勉強するでしょう」

(3) will の疑問文には will を使って答えます。

日本語訳 「彼女はクッキーを何枚作るでしょうか」「彼女はクッキーを 30 枚作るでしょう」

❷ 疑問詞で文を始め，**will** の疑問文の語順〈**will**＋主語＋動詞の原形～**?**〉を続けます。

(1) 「どこで」は where で表します。

(2) 「どうやって」は how で表します。

(3) 「だれ」は who で表します。疑問詞が主語の疑問文は肯定文と同じ語順になるので，〈Who will＋動詞の原形～?〉となります。

❸ (1) 日本語訳 「あなたは夕食にカレーを作るつもりです」→「あなたは夕食に何を作るつもりですか」

(2) 日本語訳 「電車は 10 時に到着するでしょう」→「電車は何時に到着するでしょうか」

(3) 日本語訳 「彼は自分の部屋で宿題をするでしょう」→「彼はどこで宿題をするでしょうか」

❹ (4) 疑問詞が主語の疑問文で，「だれが～するでしょうか」となります。

❺ (2) why は「なぜ」という意味です。

❻ (1) your grandparents は them で置きかえられます。

日本語訳 「あなたはいつ祖父母を訪ねるつもりですか」「私は(今度の)日曜日に彼らを訪ねるつもりです」

(2) tennis は it で置きかえられます。

日本語訳 「あなたは今度の金曜日，どこでテニスをするつもりですか」「私は公園でそれをするつもりです」

(3) 日本語訳 「あなたは今度の土曜日，だれに電話するつもりですか」「私はダニエルに電話するつもりです」

13 〈be going to＋動詞の原形〉の文

本冊 p.28

❶ (1) **going to** (2) **is** (3) **use**

❷ (1) **going to** (2) **is going to**

(3) **We're, to stay**

❸ (1) **is, to study**

(2) **They're going, swim**

❹ (1) 私は明日，バレーボールをするつもり[予定]です。

(2) 私たちは図書館に行くつもり[予定]です。

(3) 彼は今週末，自分の部屋を掃除するつもり[予定]です。

(4) (その)生徒たちは放課後，ギターを練習するつもり[予定]です。

❺ (1) **We are going to buy a car.**

(2) **I'm going to watch TV tonight.**

(3) **She's going to cook lunch today.**

(4) **Yuta is going to study abroad next year.**

❻ (1) **They are going to go to school next Sunday.**

(2) **I am going to study in my room.**

(3) **We're going to play tennis this afternoon.**

(4) **Mana is going to visit her uncle.**

解き方

❶ 〈be going to＋動詞の原形〉で未来のことを表します。will が「(これから)～しよう」とその場で決めた予定を表すのに対して，〈be going to＋動詞の原形〉は「～するつもり[予定]だ」とあらかじめ決めておいた予定を表します。

❸ (1) 日本語訳 「彼女は大学で中国語を勉強しています」→「彼女は大学で中国語を勉強するつもりです」

(2) 日本語訳 「彼らはプールで泳ぎます」→「彼らはプールで泳ぐつもりです」

❺ 「～するつもり[予定]です」は〈主語＋am[are, is] going to＋動詞の原形～.〉の語順です。

(4) abroad は「海外で[へ]」という意味です。**study abroad** で「留学する」となります。

❻ 指定された語数から，「～するつもり[予定]です」は〈主語＋am[are, is] going to＋動詞の原形～.〉で表します。

(3) 語数から，短縮形 we're を使います。

14 〈be going to＋動詞の原形〉の否定文

本冊 p.30

❶ (1) **not going to** (2) **not going to**

(3) **isn't going**

❷ (1) **am not** (2) **isn't going to**
(3) **She isn't[She's not], play**
❸ (1) **am not** (2) **We're, going**
(3) **isn't, to**
❹ (1) 私は明日，(私の)おばを訪ねるつもり[予定]ではありません。
(2) 彼女は今日，家にいるつもり[予定]ではありません。
(3) 私の両親は車を洗うつもり[予定]ではありません。
(4) 私たちはその問題について話し合うつもり[予定]ではありません。
❺ (1) **We are not going to walk there.**
(2) **I'm not going to write a letter.**
(3) **They're not going to eat out tonight.**
❻ (1) **The girl isn't going to play the piano at the party.**
(2) **I'm not going to go shopping with him.**
(3) **We aren't[We're not] going to study today.**
(4) **She is not going to clean the kitchen.**

解き方

❶ 〈**be going to** ＋動詞の原形〉の否定文は，**be** 動詞のあとに **not** を置いて作ります。
❸ (1) 日本語訳 「私はテレビを見るつもりです」→「私はテレビを見るつもりではありません」
(2) 日本語訳 「私たちはケーキを作るつもりです」→「私たちはケーキを作るつもりではありません」
(3) 日本語訳 「彼らは買い物に行くつもりではありません」→「トムは買い物に行くつもりではありません」
❹ (4) **discuss** は「〜を[について]話し合う」という意味です。
❺ 「〜するつもり[予定]ではありません」は〈主語＋am[are, is] not going to＋動詞の原形〜.〉の語順です。
(3) **eat out** は「外食する」という意味です。
❻ 指定された語数から，「〜するつもり[予定]ではありません」は〈主語＋am[are, is] not going to＋動詞の原形〜.〉で表します。
(1) 語数から，短縮形 isn't を使います。
(2) 語数から，短縮形 I'm を使います。
(3) 語数から，短縮形 aren't か we're を使います。

15 〈be going to＋動詞の原形〉の疑問文と答え方

本冊 p.32

❶ (1) **Is** (2) **Are** (3) **going to join**
❷ (1) **am** (2) **we are**
(3) **she isn't[she's not]**
❸ (1) **Are you** (2) **Is, going, sing**
(3) **Are they, to**
❹ (1) あなたは早く家を出るつもり[予定]ですか。
(2) 彼は(彼の)家族(のため)に夕食を作るつもり[予定]ですか。
(3) 彼らは図書館で宿題をするつもり[予定]ですか。
(4) あの女の子は(彼女の)先生を手伝うつもり[予定]ですか。
❺ (1) **Is she going to attend the meeting?**
(2) **Are they going to take pictures in the park?**
(3) **Are you going to invite him to**
❻ (1) **Is your mother going to visit Niigata?**
(2) **Yes, she is.**
(3) **Are you going to send the letter tomorrow?**
(4) **No, I am[I'm] not.**

解き方

❶ 〈**be going to**＋動詞の原形〉の疑問文は，**be** 動詞を主語の前に出して作ります。
❷ 〈**be going to**＋動詞の原形〉の疑問文の答え方は，**be** 動詞の疑問文の答え方と同じです。
(1) 日本語訳 「あなたはバイオリンを弾くつもりですか」「はい，そのつもりです」
(2) 日本語訳 「あなたとマイクはいっしょに動物園に行くつもりですか」「はい，そのつもりです」

(3) 日本語訳 「彼女はこの本を借りるつもりですか」「いいえ，そのつもりではありません」

❸ (1) 日本語訳 「あなたは東京を訪れるつもりです」→「あなたは東京を訪れるつもりですか」

(2) 日本語訳 「彼はコンサートで歌うつもりです」→「彼はコンサートで歌うつもりですか」

(3) 日本語訳 「彼らは来週，高校時代の友だちに会うつもりです」→「彼らは来週，高校時代の友だちに会うつもりですか」

❹ 〈Am[Are，Is]＋主語＋going to＋動詞の原形～?〉は「～するつもり[予定]ですか」という意味です。

❺ (1) attend は「～に出席する」という意味です。

(3) 〈invite＋人＋to ～〉で「(人)を～に招待する」となります。

❻ (2) 主語が単数の女性で，Is ～? に「はい」と答えます。

(4) Are you ～? に「いいえ」と答えます。

16 疑問詞を使った〈be going to＋動詞の原形〉の疑問文と答え方 本冊 p.34

❶ (1) **Where** (2) **is** (3) **They're**

❷ (1) **When are** (2) **Who is，going**
(3) **time are，come**

❸ (1) **When is** (2) **What are you**
(3) **How many，invite**

❹ (1) あなたは日本でどこに滞在するつもり[予定]ですか。
(2) 彼は(彼の)冬休みをどうやって過ごすつもり[予定]ですか。
(3) 彼らはコンサートで何の曲を歌うつもり[予定]ですか。
(4) だれがこの仕事をするつもり[予定]ですか。

❺ (1) **When is she going to wash the dishes?**
(2) **Who are you going to call?**
(3) **What time are they going to get home?**

❻ (1) **I am[I'm] going to help her next[on] Saturday.**
(2) **I am[I'm] going to go to the department store.**
(3) **I am[I'm] going to study math.**

解き方

❶ (1) 「沖縄」と場所を答えているので，Where「どこ」を選びます。
日本語訳 「あなたは今年の夏にどこを訪れるつもりですか」「私は沖縄を訪れるつもりです」

(2) 〈be going to＋動詞の原形〉で答えているので〈be going to＋動詞の原形〉の疑問文にします。
日本語訳 「彼は昼食に何を食べるつもりですか」「彼はハンバーガーを食べるつもりです」

(3) 〈be going to＋動詞の原形〉の疑問文に答えるので，be 動詞のあるものを選びます。
日本語訳 「彼らはどうやってそこへ行くつもりですか」「彼らは電車でそこへ行くつもりです」

❷ 疑問詞で文を始め，〈**be going to**＋動詞の原形〉の疑問文の語順〈**am[are，is]**＋主語＋**going to**＋動詞の原形～**?**〉を続けます。

❸ (1) 日本語訳 「彼は放課後，サッカーをするつもりです」→「彼はいつサッカーをするつもりですか」

(2) 日本語訳 「あなたは今日，買い物に行くつもりです」→「あなたは今日，何をするつもりですか」

(3) 日本語訳 「私たちはパーティーに 10 人の人を招待する予定です」→「私たちはパーティーに何人の人を招待する予定ですか」

❹ (2) **spend** は「～を過ごす」という意味です。

(4) 疑問詞が主語の疑問文です。

❺ (3) 「帰宅する」は get home で表します。

❻ (1) your mother は her で置きかえられます。
日本語訳 「あなたはいつお母さんを手伝うつもりですか」「ぼくは(今度の)土曜日に彼女を手伝うつもりです」

(2) 日本語訳 「あなたは今度の日曜日，どこに行くつもりですか」「ぼくはデパートに行くつもりです」

(3) 日本語訳 「あなたは今度の金曜日，何をするつもりですか」「ぼくは数学を勉強するつもりです」

17 まとめのテスト❶ 本冊 p.36

❶ (1) イ　(2) ウ　(3) イ　(4) ア

❷ (1) **not going**　(2) **There were**
(3) **Will, be**

❸ (1) **Are there any**
(2) **Where is, draw**
(3) **There wasn't**

❹ (1) この市には美しい公園が(1つ)あります。
(2) 彼は将来，よい[じょうずな]バスケットボール選手になるでしょう。
(3) 彼らは今夜，パーティーに来るつもり[予定]ですか。
(4) あなたのクラスには何人の生徒がいますか。

❺ (1) **We aren't going to buy a house.**
(2) **There are not any giraffes in the zoo.**
(3) **How will the weather be in Tokyo?**
(4) **What are you going to wear**

❻ (1) **She is going to go to the library after school.**
(2) **Were there any oranges on the table?**
(3) **My brother won't be busy next week.**
(4) **What time are they going to leave home?**

解き方

❶ (4) painting は「絵画」という意味です。

❸ (1) 日本語訳 「教室に机がいくつかあります」→「教室に机はありますか」
(2) 日本語訳 「彼女は家で絵を描くつもりです」→「彼女はどこで絵を描くつもりですか」
(3) an hour ago「1時間前」をつけ加えるので，be動詞のisを過去形のwasにします。
日本語訳 「いすの上にネコはいません」→「1時間前，いすの上にネコはいませんでした」

❺ (2) **any**「1つも(～ない)」は名詞の前に置きます。giraffeは「キリン」という意味です。
(4) weddingは「結婚式」という意味です。

18 接続詞 if, when 本冊 p.38

❶ (1) **when**　(2) **If**　(3) **arrive**

❷ (1) **if**　(2) **when, was**
(3) **If, is**

❸ (1) **I saw Mike when I went to the park.**
(2) **Let's go out if you are free.**

❹ (1) 私は学生のとき，サッカー選手でした。
(2) 彼は(彼の)友だちと話すとき，幸せ[うれしい]です。
(3) もし明日雨なら，私たちはテニスをしないつもりです。
(4) もしあなたが彼女の誕生日を知っているなら，私に教えてください。

❺ (1) **I was taking a bath when you visited me.**
(2) **If you are tired, go to bed early.**
(3) **When he comes, we will begin the meeting.**
(4) **I'll watch a movie if I have time**

❻ (1) **If it snows[is snowy] tomorrow, I will not[won't] go shopping.**
(2) **When you came[got] home, what was your mother doing?**
(3) **When I am[I'm] busy, he always helps me.**

解き方

❶ (1) 「～するとき」は **when** で表します。
(2) 「もし～なら」は **if** で表します。
(3) 〈時〉や〈条件〉を表す副詞節の中では，未来のことでも現在形を使って表します。「駅に着く」は未来のことですが，whenという〈時〉を表す副詞節の中なので現在形にします。

❸ (1) 日本語訳 「私は公園に行ったとき，マイクに会いました」
(2) 日本語訳 「もしあなたがひまなら，出かけましょう」

❺ 〈when[if]＋主語＋動詞～〉は文の前半に置く場合も，後半に置く場合もあります。前半に置くときはコンマが入ります。

(1) 主節は「～していました」という過去進行形の文です。

(2) 主節は「～しなさい」という命令文なので，動詞の原形で始めます。

❻ 「接続詞で文を始める」という条件から，〈when[if]＋主語＋動詞～〉は文の前半に置き，コンマを入れます。

(1) 主節の「～しないでしょう」という未来の内容は will を使って表します。

(2) 主節は疑問詞を使った過去進行形の疑問文です。

19 接続詞 that

本冊 p.40

❶ (1) **that** (2) **that** (3) **that**

❷ (1) **that** (2) **think that**

(3) **afraid that**

❸ (1) **I think that she can speak English well.**

(2) **I hope that you will get well.**

(3) **I'm sure that your son will pass the exam.**

❹ (1) 私はエマがあなたのクラスメートだと(いうことを)知っています。

(2) 私はあなたが私たちのパーティーに来てくれたことがうれしいです。

(3) あなたは彼がよい先生だと思いますか。

(4) 残念ながら，あなたはここでテニスをすることができません。

❺ (1) **I hear that she will come to school today.**

(2) **I'm sure that this book is helpful.**

(3) **I don't think it will be sunny tomorrow.**

(4) **Do you know they will return to Japan**

❻ (1) **I know that Jim lives in Australia.**

(2) **I am[I'm] glad[happy] that they enjoyed the event.**

(3) **He says that his mother is a nurse.**

解き方

❶ 接続詞 **that** は「～ということ」という意味を表します。〈that＋主語＋動詞〉の形で名詞の働きをし，動詞の目的語になったり，感情を表す形容詞のあとに続いたりします。また，接続詞 **that** は省略されることがあります。

❷ (2) 「～ではないと思う」と言う場合，ふつう「～だと思いません」と **think** を否定します。

(3) 「残念ながら～と思う」は be afraid that ～で表します。

❸ (1) 日本語訳 「彼女はじょうずに英語を話すことができます」→「私は，彼女はじょうずに英語を話すことができると思います」

(2) 日本語訳 「あなたは元気になるでしょう」→「あなたが元気になるとよいと思います」

(3) be sure that ～は「～ということを確信している」→「きっと～だと思う」という意味です。

日本語訳 「あなたの息子さんは試験に合格するでしょう」→「あなたの息子さんはきっと試験に合格すると思います」

❺ (4) know (that) ～「～と(いうことを)知っている」の疑問文にします。「～に帰る」は return to ～で表します。

20 接続詞 because

本冊 p.42

❶ (1) **because** (2) **Because**

(3) **because**

❷ (1) **because** (2) **Because**

(3) **because**

❸ (1) **because she is kind**

(2) **so we didn't swim**

❹ (1) とてもおもしろいので，私はこの本が好きです。

(2) あなたはたくさん宿題があるので，今野球をすることはできません。

(3) 彼が家にいなかったので，私は彼に会うことができませんでした。

(4) 部屋の中が暑かったので，私は窓を開けました。

❺ (1) **Please be quiet because I can't**

hear the TV.

(2) **Because it was sunny, we went to the beach.**

(3) **Because she was listening to music, I didn't talk to her.**

❻ (1) **She will not[won't] come here because she is[she's] busy.**

(2) **I cannot[can't] carry this desk because it is[it's] very[so] heavy.**

(3) **He bought an umbrella because it was raining[rainy].**

(4) **I respect my father because he is[he's] a good doctor.**

解き方

❶ 接続詞 **because** は「(なぜなら)～なので」という意味を表します。

❸ (1) 日本語訳 「彼女は親切なので，みんなが彼女を好きです」

(2) 日本語訳 「とても寒かったので，私たちは泳ぎませんでした」

❹ (3) **could** は **can** の過去形です。

❺ 〈because＋主語＋動詞～〉は文の前半に置く場合も，後半に置く場合もあります。前半に置くときはコンマが入ります。

(1) 主節は Please で始めて，「～してください」というていねいな命令文にします。

(3) Because のあとは「聞いていた」という過去進行形の文にします。

❻ (4) 「～を尊敬する」は respect で表します。

21 must の文 本冊 p.44

❶ (1) イ (2) ア (3) ア

❷ (1) **must** (2) **must wash[do]**

(3) **must practice**

❸ (1) **must** (2) **must close**

(3) **must study**

❹ (1) 私は毎日野菜を食べなければいけません。

(2) あなたはこの本を読まなければいけません。

(3) (その)生徒たちは，教室では英語を話さなければいけません。

(4) 私の姉[妹]は一生懸命働かなければいけません。

❺ (1) **They must finish the work.**

(2) **I must walk my dog.**

(3) **You must take a rest.**

(4) **My father must exercise every day.**

❻ (1) **I must buy a[one] pen.**

(2) **He must go to bed early.**

(3) **You must practice the violin hard.**

(4) **Lisa must write a[one] letter.**

解き方

❶ (1)(2) 「～しなければいけない」は助動詞 **must** で表すことができます。

(3) 助動詞のあとは動詞の原形が続きます。

❸ (1) 日本語訳 「私は毎日早く起きます」→「私は毎日早く起きなければいけません」

(2) 日本語訳 「私たちは夜に窓を閉めます」→「私たちは夜に窓を閉めなければいけません」

(3) 日本語訳 「アレックスは一生懸命日本語を勉強します」→「アレックスは一生懸命日本語を勉強しなければいけません」

❺ 「～しなければいけません」は〈主語＋must＋動詞の原形～.〉の語順です。

(3) 「休憩を取る」は take a rest で表します。

(4) exercise は「運動する」という意味です。

❻ (2)(4) 主語が3人称・単数でも，助動詞のあとの動詞は原形になることに注意しましょう。

22 must の否定文 本冊 p.46

❶ (1) ウ (2) ア (3) イ

❷ (1) **must** (2) **must not**

(3) **mustn't be**

❸ (1) **must not** (2) **mustn't play**

(3) **mustn't eat**

❹ (1) 私は今日，買い物に行ってはいけません。

(2) 彼らはこの公園でサッカーをしてはいけません。

(3) あなたはこのベンチに座ってはいけません。

(4) 彼は今，(彼の)お父さんの部屋に入ってはいけません。

❺ (1) **She must not use her smartphone now.**

(2) **You mustn't eat in this room.**

(3) **They mustn't turn on**

❻ (1) **You must not open that door.**

(2) **I must not call him now.**

(3) **Students mustn't be late for school.**

(4) **We mustn't talk[speak] in the library.**

解き方

❶ (1)(2) 「～してはいけない」は助動詞 **must** の否定文で表すことができます。助動詞の否定文は，助動詞のあとに not を置いて作ります。

(3) mustn't は must not の短縮形です。

❸ (1) 日本語訳 「私は今，日本語を話さなければいけません」→「私は今，日本語を話してはいけません」

(2) 日本語訳 「彼はここでギターを弾いてはいけません」

(3) Don't ～. は must の否定文でほぼ同じ意味を表します。主語は you です。

日本語訳 「(あなたは)このケーキを食べてはいけません」

❹ (4) enter は「～に入る」という意味です。

❺ 「～してはいけません」は〈主語＋must not [mustn't]＋動詞の原形～.〉の語順です。

(3) 「(テレビなど)をつける」は **turn on** で表します。「～を消す」は **turn off** です。

❻ (3) 「～に遅れる」は **be late for** ～で表します。

23 〈have to＋動詞の原形〉の文 本冊 p.48

❶ (1) ウ (2) イ (3) ア

❷ (1) **have to** (2) **has to**

(3) **had to wait**

❸ (1) **have to** (2) **had to**

(3) **has to**

❹ (1) あなたは今日，台所を掃除しなければいけません。

(2) 私は昨夜，これらの本を読まなければいけませんでした。

(3) 彼らは学校で制服を着なければいけません。

(4) 私の母は(私の)妹の世話をしなければいけません。

❺ (1) **I have to study hard.**

(2) **You have to be quiet.**

(3) **He has to take this medicine.**

(4) **Emily had to carry a heavy dictionary.**

❻ (1) **We have to go to school today.**

(2) **My father has to get up at five.**

(3) **You have to return this book by tomorrow.**

(4) **I had to buy new shoes.**

解き方

❶ 「～しなければいけない」は〈**have[has] to** ＋動詞の原形〉で表すことができます。

(2) 主語が３人称・単数なので，**have** は **has** になります。

(3) 「～しなければいけなかった」と過去のことを言う場合，〈**had to**＋動詞の原形〉を使います。

❸ (1) 日本語訳 「私は 11 時に寝ます」→「私は 11 時に寝なければいけません」

(2) 日本語訳 「私たちは家にいなければいけません」→「私たちは昨日，家にいなければいけませんでした」

(3) 日本語訳 「彼女はすぐに家を出なければいけません」

❹ (4) **take care of** ～は「～の世話をする」という意味です。

❺ 「～しなければいけません」は〈主語＋have [has] to＋動詞の原形～.〉の語順です。

(3) 「薬を飲む」は take medicine で表します。

(4) 過去の文なので had to ～となります。

❻ 語数から〈have[has] to＋動詞の原形〉を使います。

(3) 「～までに」という期限は **by** ～で表します。

24 〈have to＋動詞の原形〉の否定文

本冊 p.50

❶ (1) ア　(2) イ　(3) ウ

❷ (1) **don't**　(2) **don't have**

(3) **doesn't, leave**

❸ (1) **don't have to**

(2) **doesn't have, make**

❹ (1) あなたは今日，理科を勉強する必要はありません。

(2) 私は今朝，(私の)イヌを散歩させる必要はありません。

(3) 彼は(彼の)お母さんに電話する必要はありません。

(4) 私の姉[妹]は今度の週末，働く必要はありません。

❺ (1) **You don't have to close the door.**

(2) **I don't have to take my umbrella.**

(3) **She doesn't have to worry about this.**

❻ (1) **They don't have to speak Japanese here.**

(2) **We don't have to buy textbooks.**

(3) **You don't have to answer the question(s).**

(4) **Kota doesn't have to get up early.**

解き方

❶ 「〜する必要はない」は〈**have[has] to**＋動詞の原形〉の否定文で表すことができます。否定文は一般動詞の文と同様に don't[doesn't] を使い，〈**don't[doesn't] have to**＋動詞の原形〉とします。must の否定文「〜してはいけない」との意味の違いに注意しましょう。

❸ (1) 日本語訳 「私たちは今日，車を洗わなければいけません」→「私たちは今日，車を洗う必要はありません」

(2) 日本語訳 「私の兄は夕食を作らなければいけません」→「私の兄は夕食を作る必要はありません」

❺ 「〜する必要はありません」は〈主語＋don't [doesn't] have to＋動詞の原形〜.〉の語順です。

(3) worry は「心配する」という意味です。

❻ (3) 「〜に答える」は answer,「質問」は question で表します。

25 〈have to＋動詞の原形〉の疑問文と答え方

本冊 p.52

❶ (1) **Do**　(2) **have to**　(3) **Does**

❷ (1) **do**　(2) **he does**　(3) **don't**

❸ (1) **Do they**　(2) **Do I have**

(3) **Does he have**

❹ (1) あなたは毎日テニスを練習しなければいけませんか。

(2) 私は１人でこの仕事をしなければいけませんか。

(3) その男の子は今日の午後，医者にみてもらわなければいけませんか。

(4) 私たちは明日，始発電車に乗らなければいけませんか。

❺ (1) **Do I have to hurry?**

(2) **Does Nancy have to attend the meeting?**

(3) **Do the students have to buy their own computers?**

❻ (1) **Does he have to help his mother today?**

(2) **Yes, he does.**

(3) **Do I have to read this book?**

(4) **No, you do not[don't] (have to).**

解き方

❶ 「〜しなければいけませんか」は〈**have[has] to**＋動詞の原形〉の疑問文で表すことができます。疑問文は一般動詞の文と同様に **Do[Does]** を文頭に置いて作ります。また，must の疑問文もほぼ同じ意味を表します。**must** の疑問文は **must** を主語の前に出して作ります。

❷ 〈have[has] to＋動詞の原形〉の疑問文の答え方は，**Yes** の場合は〈**Yes,** 主語＋**do[does].**〉，**No** の場合は〈**No,** 主語＋**don't[doesn't] (have to).**〉となります。また，**must** の疑問文に **No** で答える場合，must not「〜してはいけない」

ではなく **don't[doesn't] have to**「〜する必要はない」を使うことも覚えておきましょう。

(1) 日本語訳「私はこのコンピューターを使わなければいけませんか」「はい，そうしなければいけません」

(2) 日本語訳「彼は今日，宿題を終わらせなければいけませんか」「はい，そうしなければいけません」

(3) 日本語訳「あなたは図書館に行かなければいけませんか」「いいえ，その必要はありません」

❸ (1) 日本語訳「彼らは一生懸命勉強しなければいけません」→「彼らは一生懸命勉強しなければいけませんか」

(2) 日本語訳「私はあなたを手伝わなければいけません」→「私はあなたを手伝わなければいけませんか」

(3) 日本語訳「彼は今日，学校へ歩いていかなければいけません」→「彼は今日，学校へ歩いていかなければいけませんか」

❹ (3) **see a doctor** は「医者に会う」→「医者にみてもらう」という意味になります。

❺「〜しなければいけませんか」は〈Do[Does]＋主語＋have to＋動詞の原形〜?〉の語順です。

(1) hurry は「急ぐ」という意味です。

(3) **own** は「自分自身の」という意味で，所有格のあとに置いて所有格の意味を強めます。

26 Will you 〜? の文

本冊 p.54

❶ (1) ウ　(2) イ　(3) イ

❷ (1) **you**　(2) **Will you**
(3) **Will you**

❸ (1) **Will**　(2) **Will you**
(3) **Will you**

❹ (1) ドアを閉めてくれませんか。
(2) 私を動物園に連れていってくれませんか。
(3) 私たちと(いっしょに)買い物に行きませんか。
(4) お茶を飲みませんか[お茶はいかがですか]。

❺ (1) **Will you help me with my homework?**
(2) **Will you eat out with us?**
(3) **Will you pass me the salt?**
(4) **Will you take a walk with me?**

❻ (1) **Will you come to the concert with me?**
(2) **Will you show me your notebook?**
(3) **Will you attend my birthday party?**
(4) **Will you have some coffee?**

解き方

❶ (1)(2) **Will you 〜?** は「〜してくれませんか」という依頼を表すことができます。

(3) **Will you 〜?** は「〜しませんか」という勧誘の意味を表すこともできます。

❸ (1) 日本語訳「あなたは私に電話します」→「私に電話してくれませんか」

(2) 日本語訳「あなたは私たちといっしょに来ます」→「私たちといっしょに来ませんか」

(3) Will you 〜? で Please 〜. とほぼ同じ意味を表します。bring は〈bring＋人＋もの〉の形をとることができます。

日本語訳「私に新聞を持ってきてください」→「私に新聞を持ってきてくれませんか」

❹ 内容から依頼と勧誘のどちらの意味になるかを判断しましょう。

❺「〜してくれませんか[〜しませんか]」は〈Will you＋動詞の原形〜?〉の語順です。

(1)「(人)の〜を手伝う」は〈**help**＋人＋**with** 〜〉で表します。

(3) pass は「手渡す」という意味で，〈pass＋人＋もの〉の形をとることができます。

(4)「散歩をする」は **take a walk** で表します。

❻ (2) 語数から〈show＋人＋もの〉の形にします。

(4) 疑問文ではふつう「いくらかの」は any で表しますが，**yes** の答えを期待して相手に何かをすすめたりする場合には **some** を用います。

27 Shall I[we] 〜? の文

本冊 p.56

❶ (1) **Shall**　(2) **I**　(3) **we**

❷ (1) **Shall I**　(2) **Shall we**
(3) **thank**

❸ (1) **Shall I**　(2) **Shall we**
(3) **Shall we**

❹ (1) プールで泳ぎましょうか。
(2) あなたの写真を撮りましょうか。
(3) 会議を始めましょうか。
(4) あなたにこの本をあげましょうか。
❺ (1) **Shall we study after school?**
(2) **Shall I make tea for you?**
(3) **Shall we discuss the matter?**
(4) **Shall I take care of your baby**
❻ (1) **Shall I help you with your homework?**
(2) **Yes, please.**
(3) **Shall we have[eat] lunch here?**
(4) **No, let's not.**

解き方

❶ (1) **Shall I ～?** で「(私が)～しましょうか」と相手に申し出る表現です。
(3) **Shall we ～?** で「(私たちは)～しましょうか」と相手をさそう表現です。
❷ (1) Yes, please.「はい, お願いします」と答えているので, 相手に申し出ていると判断します。
日本語訳 「昼食を作りましょうか」「はい, お願いします」
(2) Yes, let's.「はい, そうしましょう」と答えているので, 相手をさそっていると判断します。
日本語訳 「買い物に行きましょうか」「はい, そうしましょう」
(3) Shall I ～? には **Yes, please.**「はい, お願いします」, または **No, thank you.**「いいえ, 結構です」と答えます。
日本語訳 「皿を洗いましょうか」「いいえ, 結構です」
❸ (1) 日本語訳 「私はあなたの部屋を掃除します」→「あなたの部屋を掃除しましょうか」
(2) 日本語訳 「私たちはギターを弾きます」→「ギターを弾きましょうか」
(3) Shall we ～? で Let's ～. とほぼ同じ意味を表します。
日本語訳 「遊園地に行きましょう」→「遊園地に行きましょうか」
❺ 「～しましょうか」は〈Shall I[we]＋動詞の原形～?〉の語順です。
(4) while は「～する間」という意味です。
❻ (4) Shall we ～? には Yes, let's.「はい, そうしましょう」, No, let's not.「いいえ, よしましょう」で答えます。

28 May I ～? の文

本冊 p.58

❶ (1) **May** (2) **I** (3) **May**
❷ (1) **May** (2) **May I**
(3) **May I read**
❸ (1) **May I** (2) **May I visit**
(3) **May I go**
❹ (1) 今, 音楽を聞いてもよろしいですか。
(2) あの部屋に入ってもよろしいですか。
(3) ここに座ってもよろしいですか。
(4) このジャケットを試着してもよろしいですか。
❺ (1) **May I put my bag on the desk?**
(2) **May I ask you a question?**
(3) **May I have a glass of water?**
(4) **May I talk to her now?**
❻ (1) **May I use your bike?**
(2) **May I take a picture[pictures] here?**
(3) **May I call you Tom?**
(4) **May I bring my sister to the party?**

解き方

❶ **may** は「～してもよい」と許可を表す助動詞です。**May I ～?** で「～してもよろしいですか」と相手に許可を求める表現です。
❸ (1) 日本語訳 「私はピアノを弾きます」→「ピアノを弾いてもよろしいですか」
(2) 日本語訳 「私はあなたの家を訪れます」→「あなたの家を訪れてもよろしいですか」
(3) May I ～? で Can I ～? とほぼ同じ意味を表します。**May I ～?** は **Can I ～?** よりもていねいな表現です。
日本語訳 「家に帰ってもいいですか」→「家に帰ってもよろしいですか」
❹ (4) try on は「～を試着する」という意味です。

❺ 「～してもよろしいですか」は〈May I＋動詞の原形～?〉の語順です。

(2) ask は〈ask＋人＋もの〉の形をとります。

(3) 「(コップ) 1杯の～」は **a glass of** ～で表します。

❻ (3) 「(人・もの)を～と呼ぶ」は〈**call**＋人・もの＋名前〉で表します。

29 Would you like ～? の文 本冊 p.60

❶ (1) **Would** (2) **to sit**
(3) **some tea**

❷ (1) **Would you** (2) **Would you like**
(3) **Would you, to**

❸ (1) **Would you** (2) **Would you, go**

❹ (1) 私と(いっしょに)映画に行くのはいかがですか。
(2) 何か食べてはいかがですか。
(3) もう少しコーヒーはいかがですか。
(4) タクシーで帰ってはいかがですか。

❺ (1) **Would you like to take an umbrella?**
(2) **Would you like a hot drink?**
(3) **Would you like to be a member of our soccer team?**
(4) **Would you like to take a break?**

❻ (1) **Would you like to go fishing with me?**
(2) **Would you like some more cookies?**
(3) **Would you like to see a doctor?**
(4) **Would you like a cup of tea?**

解き方

❶ (1) 〈**Would you like to**＋動詞の原形～?〉で「～してはいかがですか」と相手に提案する表現です。

(3) 〈**Would you like**＋名詞 **?**〉で「～はいかがですか」と相手にものをすすめる表現です。

❸ (1) 日本語訳 「あなたはパーティーに来ます」→「パーティーに来てはいかがですか」

(2) 日本語訳 「あなたは外出します」→「外出してはいかがですか」

❹ (2) something は「何か」という意味です。

(4) take a taxi home は「タクシーに乗って家に行く」→「タクシーで帰る」となります。

❺ (3) 語群から,「～に入る」は「～の一員になる」と考え，be a member of ～で表します。

(4) 「休憩する」は take a break で表します。

❻ (1) 「釣りに行く」は go fishing で表します。

(4) 「1杯の～」は a cup of ～で表します。温かい飲み物には **cup**「カップ」, 冷たい飲み物には **glass**「コップ，グラス」を使います。

30 不定詞〈名詞的用法❶〉 本冊 p.62

❶ (1) **eat** (2) **listen** (3) **rain**

❷ (1) **to be** (2) **to play**
(3) **to visit**

❸ (1) **take** (2) **to live**
(3) **wants to see[meet]**

❹ (1) 私はひまな時間にバイオリンを弾くことが好きです。
(2) 彼女は(彼女の)家族について話し始めました。
(3) あなたはこのケーキを食べたいですか。
(4) 私の兄[弟]は海外旅行をすることが大好きです。

❺ (1) **They're trying to open the door.**
(2) **It will start to rain in the evening.**
(3) **He likes to grow flowers.**
(4) **I don't want to go out today.**

❻ (1) **Ken wants to play tennis with us.**
(2) **They started[began] to sing.**
(3) **I like to read books in my room.**
(4) **Does your father like to cook?**

解き方

❶ 不定詞〈**to**＋動詞の原形〉は「～すること」という意味で名詞と同じ働きをします。名詞的用法の不定詞は，動詞の目的語になることができます。

(1) 〈want to＋動詞の原形〉は「～することを欲する」→「～したい」という意味です。

(2) 〈like to＋動詞の原形〉は「～することが[～するのが]好きだ」という意味です。

(3) 〈start to＋動詞の原形〉は「～し始める」という意味です。

❹ (1) in *one's* free time は「ひまな時間に」という意味です。

(2) began は begin「～を始める」の過去形です。

❺ (1) 「～しようとする」は〈try to＋動詞の原形〉で表します。

(2) 天候を表す it を主語にします。

(4) 「～したくない」なので，〈want to＋動詞の原形〉「～したい」の否定文にします。

解き方

❶ 名詞的用法の不定詞は，文の主語になることもできます。

(3) 直前の語が複数形ですが，主語は To wash the dishes という不定詞(句)です。**名詞的用法の不定詞は単数扱い**なので，is を使います。

❺ 「～すること」を〈to＋動詞の原形～〉の形で表し，文の主語にします。

(1) someday は「いつか」という意味です。

(2) impossible は「不可能な」という意味です。

(3) dangerous は「危険な」という意味です。

❻ (1) lawyer は「弁護士」という意味です。

(2) take が与えられているので，「散歩をする」は take a walk で表します。

31 不定詞〈名詞的用法❷〉 本冊 p.64

❶ (1) **To play** (2) **work** (3) **is**

❷ (1) **To ski** (2) **To repair** (3) **To climb**

❸ (1) **study** (2) **To help** (3) **To go, is**

❹ (1) スタジアムでサッカーの試合を見ることはわくわくします。

(2) 子どもたちに英語を教えることが彼女の仕事です。

(3) 警察官になることが私の夢です。

(4) 赤ちゃんの世話をすることは大変です。

❺ (1) **To visit France someday is her dream.**

(2) **To do this work alone is impossible.**

(3) **To swim in this river is dangerous.**

❻ (1) **To be a lawyer is my dream.**

(2) **To take a walk is good for your health.**

(3) **To talk[speak] with[to] my friends is fun.**

(4) **To help sick people is her job.**

32 不定詞〈名詞的用法❸〉 本冊 p.66

❶ (1) **write** (2) **to sell** (3) **to stay**

❷ (1) **to clean** (2) **to travel** (3) **to eat**

❸ (1) **visit** (2) **to buy** (3) **to enjoy**

❹ (1) 私の夢はプロ野球選手になることです。

(2) 彼の計画は自転車で日本中を旅することでした。

(3) スミスさんの仕事はバスを運転することです。

(4) 私たちの提案はだれかに駅への道をたずねることです。

❺ (1) **Her job is to serve at a restaurant.**

(2) **My purpose was to make friends.**

(3) **His dream is to have his own car.**

❻ (1) **The girl's dream is to be a doctor.**

(2) **The important thing is to do your best.**

(3) **Is your goal to improve your English?**

(4) **My plan wasn't to take pictures there.**

解き方

❶ 名詞的用法の不定詞は，文の補語になることもできます。

❹ (1) professionalは「プロの」という意味です。

(2) be動詞がwasと過去形なので，「～でした」とします。all over ～は「～のいたるところ，～中」という意味です。

(4) toのあとは〈ask＋人＋もの〉「(人)に(もの)をたずねる」の形になっています。the way to ～は「～への道」という意味です。

❺ 「～すること」を〈to＋動詞の原形～〉の形で表し，文の補語にします。

(1) serveは「食事を出す，給仕する」という意味です。

(2) purposeは「目的」という意味です。

(3) 「自分の車」は「彼自身の車」と考えて，his own carで表します。

❻ (2) 「最善を尽くす」は**do *one's* best**です。「あなたの」なのでdo your bestとします。

(3) 疑問文なので，Isで始めます。improveは「～を改善させる，上達させる」という意味です。

(4) 過去の否定文なので，wasn'tを使います。

33 It is ... for — to ～.〈形式主語構文〉

本冊 p.68

❶ (1) **study** (2) **It** (3) **for**

❷ (1) **to watch[see]** (2) **It，carry**

(3) **for，to speak**

❸ (1) **It，to**

(2) **It is，to understand**

❹ (1) 私の友だちと話すことはとても楽しいです。

(2) 彼にとって早く起きることは大変です。

(3) その数学の問題を解くことは難しかったです。

(4) あなたにとって英語で映画を見ることはおもしろいですか。

❺ (1) **It is important to eat breakfast every morning.**

(2) **It wasn't easy for me to play the guitar well.**

(3) **Is it difficult for little children to read this book?**

❻ (1) **It is fun to listen to music.**

(2) **It is important for you to help your mother.**

(3) **It was difficult[hard] to sing the song.**

(4) **Is it easy for Emma to skate?**

解き方

❶ 名詞的用法の不定詞が主語になるとき，itを形式上の主語にして，真の主語〈to＋動詞の原形～〉を後ろに置くことがあります。**〈It is ... to＋動詞の原形～.〉**の形で，「～することは…です」という意味になります。

(3) 「(人)にとって[(人)が]」と不定詞の動作を行う人を表すときは，**〈for＋人〉**を**〈to＋動詞の原形〉**の前に置きます。

❸ (1) 日本語訳 「外国語を学ぶことは楽しいです」

(2) 日本語訳 「お互いを理解することは大切です」

❹ (3) solveは「～を解く」という意味です。

(4) 〈in＋言語〉で「(言語)で」という意味です。

❺ (3) 疑問文なのでIs it ～? の形にします。

34 不定詞〈副詞的用法❶〉

本冊 p.70

❶ (1) **read** (2) **to be** (3) **To see**

❷ (1) **walk** (2) **to work** (3) **to do**

❸ (1) **to take** (2) **to visit**

❹ (1) 私たちは海で泳ぐために沖縄を訪れました。

(2) 私の母は卵を(いくつか)買うためにスーパーマーケットに行きました。

(3) 私は買い物に行くために彼の車を使うつもりです。

(4) 彼女はなぜ早く起きたのですか。／英語を勉強するためです。

❺ (1) **I paint pictures every day to be an artist.**

(2) **He ran to catch the last train.**

(3) **Saki went to the airport to see off her friend.**

❻ (1) **She works hard to buy a house.**

(2) **I went to bed at nine to get up early.**

(3) **Yuto went to Canada to visit his aunt.**

(4) **I will call him to invite him to the party.**

解き方

❶ 不定詞は「～するために，～しに」という意味で動詞の目的を表す働きがあります。これを不定詞の副詞的用法といいます。

(3) **Why ～?**「なぜ～ですか」という疑問文に対して，〈**To**＋動詞の原形～**.**〉で「～するためです」と目的を答えることができます。

❸ (1) 日本語訳 「私は公園に行きました」→「私は写真を撮るために公園に行きました」

(2) 日本語訳 「彼はおじを訪ねたかったので，アメリカに来ました」→「彼はおじを訪ねるためにアメリカに来ました」

❺「～するために」を〈to＋動詞の原形～〉の形で表し，〈主語＋動詞～〉のあとに続けます。

(1) paint は「(絵の具で)～を描く」という意味です。

(2) **catch** は「(列車など)に間に合う」という意味です。

(3) airport は「空港」，see off は「～を見送る」という意味です。

35 不定詞〈副詞的用法②〉

本冊 p.72

❶ (1) **talk** (2) **to see** (3) **to hear**

❷ (1) **to know** (2) **to read**

(3) **to hear**

❸ (1) **to watch** (2) **to get**

❹ (1) 私たちはその映画を見て悲しかったです。

(2) 私は(私の家の)庭でネコを見つけて驚きました。

(3) 彼女は(彼女の)友だちからプレゼントをもらってうれしいです。

(4) 私はあなたのおじいさんが病気だと聞いて気の毒に思います。

❺ (1) **I am sad to hear the news.**

(2) **He was happy to receive a letter from his daughter.**

(3) **They were angry to read the article.**

❻ (1) **I am[I'm] glad to see you again.**

(2) **He was surprised to pass the exam.**

(3) **She is[She's] sad to lose the game[match].**

(4) **We were excited to know the fact.**

解き方

❶ 副詞的用法の不定詞は〈感情を表す形容詞＋**to**＋動詞の原形〉の形で「～して…」という意味で感情の原因・理由を表すことができます。

❸ (1) 日本語訳 「私はサッカーの試合を見て，それにわくわくしました」→「私はサッカーの試合を見てわくわくしました」

(2) 日本語訳 「私たちはあなたからＥメールをもらったので，喜びました」→「私たちはあなたからＥメールをもらって喜びました」

❹ (2) yard は「庭」という意味です。

(4) **sorry** は「気の毒に思う，残念に思う」という意味です。hear のあとは that 節「～ということ」が続いています。

❺ (2) receive は「～を受け取る」，daughter は「娘」という意味です。

(3) article は「記事」という意味です。

❻ (3) lose は「～に負ける」という意味です。

(4) fact は「事実」という意味です。

36 不定詞〈形容詞的用法〉

本冊 p.74

❶ (1) **visit** (2) **to read**

(3) **cold to drink**

❷ (1) **to play** (2) **to do**
❸ (1) **to eat** (2) **to do** (3) **to buy**
❹ (1) 私の母は今週，すべき仕事がたくさんあります。
(2) 何か温かい飲み物をもらえますか。
(3) この美術館には見るべき美しい絵画がたくさんあります。
(4) 私は彼女を訪ねる機会がありません。
❺ (1) **Meg bought a notebook to use at school.**
(2) **She has some books to return to the library.**
(3) **I don't have anything to write with.**
❻ (1) **I didn't have (any) time to clean my room.**
(2) **Do you have anything to do today?**
(3) **Are there any good places to visit in Kyoto?**
(4) **I have some pictures to show (to) you.**

解き方

❶ 不定詞は「～する(ための)」「～すべき」という意味で，直前の名詞や代名詞を後ろから修飾する働きがあります。これを不定詞の形容詞的用法といいます。
(3) -thingという形の代名詞を形容詞と不定詞で修飾する場合，〈**-thing＋形容詞＋不定詞**〉の順番になります。
❸ (1) 日本語訳 「私は何か食べ物がほしいです」→「私は何か食べるためのものがほしいです」
(2) 日本語訳 「ジャックはたくさんの宿題をしなければいけません」→「ジャックにはすべき宿題がたくさんあります」
(3) 日本語訳 「彼女は十分なお金がなかったので，そのかばんを買うことができませんでした」→「彼女はそのかばんを買うのに十分なお金がありませんでした」
❹ (2) hotとto drinkがsomethingを修飾して，「飲むための温かい何か」→「何か温かい飲み物」という意味になります。
❺ (3) たとえば「ペンで書く」と言う場合，write with a penと前置詞withが必要です。よってanythingを不定詞で修飾する場合は，withが残ってanything to write withとなります。

37 動名詞①

本冊 p.76

❶ (1) **playing** (2) **eating**
(3) **raining**
❷ (1) **cleaning** (2) **likes reading**
(3) **enjoyed running**
❸ (1) **watching birds**
(2) **started cooking**
(3) **enjoy playing**
❹ (1) 私の姉[妹]は写真を撮ることが好きです。
(2) 彼らはそのとき，話すのをやめました。
(3) あなたはいつその本を読み始めるつもりですか。
(4) 私は映画を見て[見ることを]楽しみます。
❺ (1) **Eri started writing a letter.**
(2) **Does Daniel like swimming?**
(3) **I didn't enjoy talking with him.**
(4) **How soon will you finish washing the dishes?**
❻ (1) **I like watching TV.**
(2) **Do they enjoy dancing?**
(3) **My father stopped using the[a, his] computer.**
(4) **When did you start[begin] studying English?**

解き方

❶ 動名詞(動詞のing形)は「～すること」という意味で，名詞と同じ働きをし，動詞の目的語になることができます。
(1) like ～ingで「～することが好きだ」という意味です。
(2) enjoy ～ingで「～して楽しむ，～することを楽しむ」という意味です。

(3) stop ~ing で「～するのをやめる」という意味です。

❷ (1) 「～し終える」は finish ~ing で表すことができます。

❸ (1) 日本語訳 「彼は鳥を見ることが大好きです」

(2) 日本語訳 「私の母は夕食を作り始めました」

(3) 日本語訳 「あなたは昨日，テニスをして楽しみました」→「あなたは昨日，テニスをして楽しみましたか」

❹ (2) at that time は「そのとき」という意味です。

❺ 動名詞が動詞の目的語になる文を作ります。

(4) **「あとどれくらいで」**は「どれくらいすぐに」と考えて，**how soon** で表します。

38 動名詞❷ 本冊 p.78

❶ (1) **Playing** (2) **taking** (3) **is**

❷ (1) **Using** (2) **playing**
(3) **Studying, is**

❸ (1) **Playing, is** (2) **is driving**
(3) **Is growing flowers**

❹ (1) 野球の試合を見ることはとてもわくわくします。
(2) 彼の仕事は壁を塗る[壁にペンキを塗る]ことです。
(3) これらの箱を運ぶことは彼らにとって大変でした。
(4) 彼女は，自分の趣味は絵を描くことだと言っています。

❺ (1) **Cooking every day is difficult.**
(2) **Watching birds relaxes me.**
(3) **My hobby is collecting old coins.**
(4) **Her job is teaching Japanese.**

❻ (1) **My hobby is writing novels.**
(2) **Swimming in the sea wasn't fun for her.**
(3) **Reading newspapers is important.**
(4) **Is his job taking care of children?**

解き方

❶ 動名詞は文の主語や補語になることもできます。

(3) 直前の語が複数形ですが，主語は Eating vegetables という動名詞(句)です。**動名詞は３人称・単数扱い**なので，is を使います。

❸ (1) 日本語訳 「私のイヌと遊ぶことは楽しいです」

(2) 日本語訳 「私の父の仕事はタクシーを運転することです」

(3) 日本語訳 「花を育てることはあなたにとっておもしろいです」→「花を育てることはあなたにとっておもしろいですか」

❹ (4) She says (that) ～.「彼女は…と(いうことを)言っています」という文です。that 節の中は drawing pictures が補語の文です。

❺ 「～すること」を動名詞を使って表し，文の主語や補語にします。

(2) relax は「～をリラックスさせる」という意味です。

39 動名詞❸ 本冊 p.80

❶ (1) **speaking** (2) **eating**
(3) **going**

❷ (1) **coming** (2) **using**
(3) **doing**

❸ (1) **about playing**
(2) **before watching**
(3) **at skiing**

❹ (1) 彼は何も言わずに家に帰りました。
(2) 私たちを手伝ってくれてありがとう。
(3) 私は数学を勉強したあとに，テレビゲームをしました。
(4) あなたはおどることがじょうず[得意]ですか。

❺ (1) **How about having lunch in the park?**
(2) **Can you call me before leaving home?**
(3) **I'm interested in writing novels.**
(4) **He isn't good at speaking in**

❻ (1) **Thank you for inviting me to your wedding.**
(2) **My sister went to bed without**

eating[having] dinner.
(3) **We are interested in studying abroad[overseas].**
(4) **How about swimming in the river?**

解き方

❶ 動名詞は前置詞のあとにくることができます。
(1) be good at ~ing で「~することがじょうず[得意]である」という意味です。
(2) before ~ing で「~する前に」という意味です。
(3) How about ~ing? で「~するのはどうですか」という意味です。
❷ (1) Thank you for ~ing. で「~してくれてありがとう」という意味です。
(2) without ~ing で「~せずに」という意味です。
(3) after ~ing で「~したあとに」という意味です。
❸ (1) 日本語訳 「外でサッカーをしてはいかがですか」→「外でサッカーをするのはどうですか」
(2) 日本語訳 「私はテレビを見る前に，夕食を食べます」
(3) 日本語訳 「私はじょうずにスキーをすることができます」→「私はスキーをすることがじょうずです」
❺ (3) be interested in ~で「~に興味がある」という意味です。「~することに興味がある」はbe interested in ~ing で表します。

40 不定詞と動名詞の使い分け 本冊 p.82

❶ (1) **playing** (2) **to visit**
(3) **to go** (4) **reading**
(5) **washing**
❷ (1) **hope to see** (2) **for sending**
(3) **stopped raining** (4) **to speak**
(5) **in working**
❸ (1) 私は 30 分前に手紙を書き終えました。
(2) 料理をし始める前に手を洗いなさい。
(3) 彼は新しいぼうしを買うために買い物に行きたがっています。
(4) あなたは子どもの世話をするのがとてもじょうず[得意]です。
❹ (1) **It's exciting for me to take pictures.** (不要語：**taking**)
(2) **Does she like driving a car?** (不要語：**drive**)
(3) **Yuji stopped talking and looked at the teacher.** (不要語：**talk**)
❺ (1) **Do you want to be[become] a pianist?**
(2) **They enjoy playing tennis in [at] the park.**
(3) **I left the shop[store] without buying anything.**
(4) **Why did you decide to live in Japan?**

解き方

❶ (1) enjoy は動名詞を目的語にとります。
(2) want は不定詞を目的語にとります。
(3) decide は不定詞を目的語にとります。
(4) 前置詞のあとの動詞は動名詞を使います。
(5) finish は動名詞を目的語にとります。
❸ (3) to buy ~は不定詞の副詞的用法で，「~するために」と目的を表しています。
❹ (2) like は不定詞と動名詞の両方を目的語にとることができますが，今回は語群に to がないので like ~ing を使います。

41 まとめのテスト❷ 本冊 p.84

❶ (1) ウ (2) イ (3) ウ (4) ア
❷ (1) **Taking, is** (2) **If, rains**
(3) **must be**
❸ (1) **It, for, to** (2) **about sending**
(3) **May I**
❹ (1) 私たちの仕事を手伝ってくれませんか。
(2) 私は運動するために公園に行きます。
(3) (その)生徒たちは今日，(彼らの)教室を掃除する必要はありません。
(4) 私は 10 歳のときに日本に来ました。

❺ (1) **I want to buy something to wear**
(2) **She enjoyed talking with her friends.**
(3) **He won't come because he's busy.**
(4) **Shall we have pizza for lunch?**
❻ (1) **You must not watch TV now.**
(2) **She likes to ride a unicycle.**
(3) **My dream is to visit Italy.**
(4) **Do I have to use this pen?**

解き方

❷ (2) 〈条件〉を表す副詞節の中では，未来のことでも現在形を使って表します。
❸ (1) 上の文の主語を形式的な主語 it に置きかえて，真の主語を後ろに置く形にします。
日本語訳 「日本語を話すことは私にとって難しいです」
(2) 日本語訳 「彼女にＥメールを送ってはいかがですか」→「彼女にＥメールを送るのはどうですか」
(3) 日本語訳 「今，あなたの教科書を借りてもいいですか」→「今，あなたの教科書を借りてもよろしいですか」
❹ (2) to exercise は go の目的を表しています。
❺ (1) 「着て行くもの」は「着て行くための何か」と考え，to wear で something を後ろから修飾する形にします。

42 比較〈比較級❶〉

本冊 p.86

❶ (1) **cleaner** (2) **smaller**
(3) **taller** (4) **larger**
(5) **bigger** (6) **earlier**
❷ (1) **than** (2) **longer** (3) **his**
❸ (1) **newer** (2) **lighter than**
(3) **hotter than**
(4) **younger, yours**
❹ (1) この木はあの木よりも高いです。
(2) 私は(私の)父よりも早く起きます。
(3) 数学のテストは理科のテストよりも簡単でした。
(4) 私のカップは(私の)母の(カップ)よりも新しいです。
❺ (1) **My teacher is younger than my aunt.**
(2) **She is busier than John.**
(3) **This book is thinner than that one.**
❻ (1) **This bag is older than mine.**
(2) **She runs faster than my brother.**
(3) **My dog is bigger[larger] than hers.**
(4) **That box is heavier than this one[box].**

解き方

❷ (1) 「〜よりも」は **than** を使って表します。
(2) 「あの橋よりも長い」なので，形容詞 long の比較級 longer を使います。文末の one は代名詞で，「橋」を指します。同じ名詞のくり返しを避けて言いかえたものです。
(3) 「彼の(もの)」は所有代名詞 his を使います。ここでは his pencil「彼の鉛筆」を意味しています。
❸ 「…よりも〜」という比較の意味は〈形容詞・副詞の比較級＋than ...〉で表します。
❹ (1) one は tree の代わりに使われています。
(4) 文末の my mother's は，ここでは「私の母のもの[カップ]」という意味を表します。
❻ (1) 語数から than のあとは my bag ではなく mine「私のもの」とします。

43 比較〈比較級❷〉

本冊 p.88

❶ (1) **more famous**
(2) **more beautiful**
(3) **more useful**
(4) **more important**
(5) **more carefully**
❷ (1) **more popular**
(2) **more difficult**
(3) **more exciting**
❸ (1) **more interesting**
(2) **more quickly**
(3) **more nervous**

❹ (1) 新しい辞書は古い辞書[古いの]よりも役に立ちます。
(2) 私の町では，野球はサッカーよりも人気があります。
(3) 私に(とって)は数学は理科よりも大切です。
(4) 彼は(彼の)友だちよりも慎重に運転しました。

❺ (1) **Tennis is more exciting than baseball.**
(2) **He is more serious than Lily.**
(3) **This bird is more beautiful than that one.**

❻ (1) **This song is more famous than that one[song].**
(2) **I walk more slowly than my brother.**
(3) **Japanese is more interesting than math.**
(4) **Is this test more difficult than that one[test]?**

解き方

❸ (1) 日本語訳「この映画はあの映画よりもおもしろいです」
(2) 日本語訳「私のイヌは私のネコよりも速くえさを食べます」
(3) 日本語訳「彼女はケンタよりも不安でした」

❹ (4) drove は drive「(～を)運転する」の過去形です。

❺ すべて〈more＋形容詞・副詞＋than ...〉の語順になります。

❻ (2) 「ゆっくりと」は slowly で表します。

44 比較〈比較級❸〉 本冊 p.90

❶ (1) **better** (2) **better** (3) **more**
(4) **more**

❷ (1) **better** (2) **more, than**
(3) **better** (4) **better**

❸ (1) **Which** (2) **more exciting**
(3) **or**

❹ (1) この鉛筆はあの鉛筆よりもよいです。
(2) 私は(私の)父よりも多くの辞書を持っています。
(3) 私はイヌよりもネコのほうが好きです。
(4) 彼女のいすと彼のいすでは，どちらのほうが古いですか。

❺ (1) **You cook better than Risa.**
(2) **I drink more water than my sister.**
(3) **I like winter better than summer.**
(4) **Which is more popular, baseball or volleyball?**

❻ (1) **He has[keeps] more cats than you.**
(2) **She likes coffee better than tea.**
(3) **Which is colder, January or February?**

解き方

❷ (2) 「…よりも多くの～」は〈more＋名詞＋than ...〉で表します。
(4) **like ～ better than ...** の形で，「…よりも～のほうが好きだ」という意味を表します。

❸ (2) 「どちらのほうが」と2つのものを比較しているので，比較級が適しています。

❺ (2) 「～よりも多くの水」なので，more water than ～とつなげます。この more は much「大量の」の比較級です。
(3) like のあとに置く語句と，than のあとに置く語句を間違えないようにしましょう。

❻ (3) 「どちらのほうが～ですか」は〈Which is＋比較級？〉で表します。「1月と2月では」という選択肢は〈, *A* or *B*〉の形で文末に置きます。

45 比較〈最上級❶〉 本冊 p.92

❶ (1) **youngest** (2) **smallest**
(3) **tallest** (4) **wisest**
(5) **hottest** (6) **happiest**

❷ (1) **in** (2) **of** (3) **of**

❸ (1) **the newest** (2) **the fastest**

(3) **the coldest**　(4) **easiest of**

❹ (1) この木は私の町でいちばん高いです。

(2) 私は家族の中でいちばん早く寝ます。

(3) これは世界でいちばん小さいコンピューターです。

(4) 私のカップは10個の中でいちばん新しいです。

❺ (1) **is the highest in China**

(2) **gets up earliest in his family**

(3) **is the largest lake of the three**

❻ (1) **This dictionary is the oldest of all.**

(2) **My father runs (the) fastest in my family.**

(3) **That river is the longest in Japan.**

(4) **This is the heaviest box of the four.**

解き方

❷ (1) his class「彼のクラス」は範囲を表す語句なので，in が適しています。

(2)(3) the four「4人」, all「みんな」は複数を表す語句なので，of が適しています。

❹ すべて最上級を使った文です。「…の中でいちばん～」という意味を表します。

❺ 〈the＋形容詞・副詞の最上級(＋名詞)＋in[of] ～〉の語順で表します。

(2) 副詞の場合，この文のように最上級の前に the がつかないこともあります。

(3) 「いちばん大きな湖」なので，the largest のあとに名詞 lake を続けます。

46 比較〈最上級❷〉

本冊 p.94

❶ (1) **most famous**

(2) **most beautiful**

(3) **most interesting**

(4) **most useful**

(5) **most important**

(6) **most carefully**

❷ (1) **most popular, in**

(2) **most difficult, of**

(3) **most expensive, of**

(4) **most delicious, in**

(5) **most exciting, of**

❸ (1) この歌は男の子たちの間でいちばん人気があります。

(2) 彼女は4人の中でいちばん簡単にその問題を解きました。

(3) これは店の中でいちばん高価な[高い]かばんです。

❹ (1) **That flower is the most beautiful in the park.**

(2) **This graph is the most important in my speech.**

(3) **This was the most difficult test of the four.**

❺ (1) **This movie was the most exciting of all.**

(2) **This textbook is the most useful of the five.**

(3) **He thinks (the) most carefully in our class.**

(4) **She is[She's] the most famous singer in this town.**

解き方

❷ すべて前に most を置いて，最上級にします。of と in はあとに続く語句によって判断しましょう。

❸ (1) among は「(3つ以上)の間で」という意味を表す前置詞です。

(2) easily は「簡単に」という意味の副詞です。

❹ (3) 「いちばん難しいテスト」なので，〈the most＋形容詞＋名詞〉の語順になります。

❺ (3) 「考える」は think で表します。

47 比較〈最上級❸〉

本冊 p.96

❶ (1) **best**　(2) **best**　(3) **most**

(4) **most**

❷ (1) **best**　(2) **most**　(3) **best**

(4) **most**

❸ (1) **Who, tallest** (2) **best of**

(3) **the most** (4) **best of**

(5) **What, most, in**

❹ (1) 私の母は家族の中でいちばん多くのかばんを持っています。

(2) 彼は５人の中でいちばんよい[おいしい]ピザを作ります。

(3) 私たちの町でいちばん古い寺はどれですか。

❺ (1) **He speaks English the best in our class.**

(2) **She did the most homework of the four.**

(3) **I like cats the best of all animals.**

❻ (1) **He is[He's] the best singer in our class.**

(2) **She swims (the) best of the four.**

(3) **I have the most books in my family.**

(4) **Who runs (the) fastest of the six?**

解き方

❷ (1) 日本語訳 「このギターは店でいちばんよいです」

(2) 日本語訳 「彼は７人の中でいちばん多くの写真を撮りました」

(3) 日本語訳 「メグは彼女のクラスでいちばんじょうずにテニスをします」

(4) 日本語訳 「彼女は３人の中でいちばん多くお金を持っています」

❸ (1) 「だれ」とたずねるので who を使います。

(4) 「…の中で～がいちばん好きだ」は **like ～ the best of[in] ...** で表します。

(5) 「何」とたずねるので what を使います。

❹ (3) Which で文が始まっているので，「どれ」「どちら」とたずねる疑問文です。

❺ (1) 語群の best は well の最上級です。the best in ～で「～でいちばんじょうずに」となります。

(2) homework は数えられない名詞なので，語群の most は much の最上級です。

❻ (4) 「だれが～しますか」なので，疑問詞 who が主語の疑問文です。主語になる who は３人称・単数扱いなので，runs と s がつくことに注意しましょう。

48 比較〈原級❶〉

本冊 p.98

❶ (1) **young** (2) **expensive** (3) **as**

❷ (1) **as tired** (2) **long as**

(3) **as careful**

❸ (1) 私は(私の)父と同じくらい背が高いです。

(2) この映画はあの映画と同じくらい人気があります。

(3) 今日は昨日と同じくらい寒いです。

(4) 彼女は(彼女の)先生と同じくらい速く泳ぎます。

❹ (1) **This river is as long as that one.**

(2) **English is as important as math.**

(3) **John plays tennis as well as his father.**

❺ (1) **I'm as happy as Jack.**

(2) **Your bag is as heavy as mine.**

(3) **This novel is as interesting as that one.**

(4) **I have as many pencils as my sister.**

❻ (1) **Ken is as busy as my father.**

(2) **She thinks as carefully as Lily.**

(3) **This pen is as new as yours.**

(4) **I have as many books as my brother.**

解き方

❶ 「…と同じくらい～」は **as ～ as ...** の形で表します。「～」には形容詞・副詞の原級(er / est / more / most などをつけない形)を置きます。

❺ (1) 形容詞の前後に as を置き，２番目の as の後ろに( )内の語句を続けます。

日本語訳 「私はうれしいです」→「私はジャックと同じくらいうれしいです」

(2) 日本語訳 「あなたのかばんは重いです」→「あな

たのかばんは私のと同じくらい重いです」

(3) 日本語訳 「この小説はおもしろいです」→「この小説はあの小説と同じくらいおもしろいです」

(4) **many pencils** というつながりがあるので，この前後に **as** を置きます。as many as pencils としないように注意しましょう。

日本語訳 「私はたくさんの鉛筆を持っています」→「私は姉[妹]と同じくらいたくさんの鉛筆を持っています」

49 比較〈原級❷〉 本冊 p.100

❶ (1) **isn't, heavy**
(2) **wasn't, interesting**
(3) **can't[cannot], fast as**
(4) **don't, much, as**

❷ (1) **isn't as** (2) **aren't as, as**
(3) **not, hard as**
(4) **isn't as famous as**

❸ (1) 私は(私の)母ほどいそがしくありません。
(2) このテストはあのテストほど難しくありません。
(3) 彼女は私のおばほど多くのイヌを飼っていません。

❹ (1) **This dictionary is not as useful as mine.**
(2) **I'm not as tired as Jack.**
(3) **He doesn't have as many books as Emma.**

❺ (1) **This guitar isn't as new as mine.**
(2) **This tree wasn't as tall as that one[tree].**
(3) **These movies aren't as exciting as that one[movie].**
(4) **He doesn't run as fast as my sister.**

解き方

❶ 「…ほど～ではない」は **not as ～ as ...** の形で表します。原級①で学んだ as ～ as ... の文を否定文にしたものです。

(4) coffee「コーヒー」は数えられない名詞なので，「たくさんの」は much で表します。many にしないように注意しましょう。また，drink という一般動詞の文を否定文にするので，drink の前に don't を入れます。

❷ それぞれもとの文の意味を考えて，「…ほど～ではない」の文でどう表したらよいか考えましょう。

(1) 日本語訳 「ニックはポールよりも年上です」→「ポールはニックほど年をとっていません」

(2) 書きかえた文では主語が複数になっていることに注意しましょう。

日本語訳 「あの問題はこれらの問題よりも難しいです」→「これらの問題はあの問題ほど難しくありません」

(3) 日本語訳 「マイクは彼のお兄さん[弟さん]よりも一生懸命勉強します」→「マイクのお兄さん[弟さん]はマイクほど一生懸命勉強しません」

(4) 日本語訳 「この歌手はリリーよりも有名です」→「リリーはこの歌手ほど有名ではありません」

❺ (2) 「(木が)高い」はふつう tall を使います。

50 how to ～ 本冊 p.102

❶ (1) **how to** (2) **to wash**
(3) **to bake**

❷ (1) **how to** (2) **how, open**
(3) **how to**

❸ (1) **how to** (2) **to change**
(3) **how, use**

❹ (1) 私は(その)チームに参加する[入る]方法を知りません。
(2) あなたはチケット[切符]の買い方を知っていますか。
(3) 私に魚の捕まえ方を教えてください。
(4) 彼は私にこのカメラの使い方を教えてくれました。

❺ (1) **I know how to get to the station.**
(2) **He wants to learn how to ride a unicycle.**
(3) **Can you teach me how to ski?**

❻ (1) **I learned how to play the guitar.**
(2) **He doesn't know how to read**

this kanji.

(3) **I asked her how to cook spaghetti.**

(4) **Tell[Show] me how to open the door.**

解き方

❶ 「～のしかた」「どうやって～したらよいか」は〈**how to**＋動詞の原形〉で表します。〈疑問詞＋to＋動詞の原形〉は動詞などの目的語になるほか，tell，ask，show，teach のような〈動詞＋人＋もの〉の形をとる文で，〈もの〉の位置で使われます。

❸ (1) 日本語訳 「私は琴の弾き方を知っています」

(2) 日本語訳 「彼女は電車の乗り換えのしかたを学びました」

(3) 日本語訳 「彼は私にこのコンピューターの使い方を教えてくれました」

❹ (4) 〈show＋人＋もの〉で「(人)に(もの)を教える，示す」という意味を表します。

❺ (1) 「～への行き方」は，get を用いて how to get to ～で表します。この get to ～は「～へ着く」という意味です。

(3) can や you があるので，「～してくれませんか」を Can you ～? で表します。そのあとは〈teach＋人＋もの〉の形にします。

❻ (3) 「(人)に(もの)をたずねる」は〈ask＋人＋もの〉の形を使います。

51 what to ～

本冊 p.104

❶ (1) **to eat** (2) **what**

(3) **what subject**

❷ (1) **what，practice**

(2) **what color to**

❸ (1) **what to** (2) **to buy**

(3) **what song，sing**

❹ (1) 彼女はパーティーで何を着るべきかわかりません。

(2) 私は(私の)スピーチで何を説明すべきか知っています。

(3) 彼は私に昼食に何の食べ物を買うべきかたずねました。

❺ (1) **He knows what to cook for breakfast.**

(2) **I don't know what to do at the festival.**

(3) **Can you tell me what sport to play next?**

❻ (1) **I didn't know what to say.**

(2) **She knows what to study in[at] college[university].**

(3) **Let's tell him what book to read.**

(4) **He asked me what to watch on TV.**

解き方

❶ 「何を～すべきか[したらよいか]」は〈**what to**＋動詞の原形〉で，「何の(名詞)を～すべきか[したらよいか]」は〈**what**＋名詞＋**to**＋動詞の原形〉で表します。

❷ (2) 「何の色を～すべきか」なので，what のあとに color「色」を置き，その後ろに〈to＋動詞の原形〉を続けます。

❸ (1) 日本語訳 「私は何について書くべきか知っています」

(2) 日本語訳 「彼は何を買えばよいだろうかと思っています」

(3) 日本語訳 「メグは私にイベントで何の歌を歌うべきか教えてくれました」

❹ (2) explain は「～を説明する」という意味です。

❺ (1) 「何を作ればよいか」なので，what to cook と並べ，これを文全体の動詞 know の目的語にします。

52 where to ～

本冊 p.106

❶ (1) **where** (2) **to learn**

(3) **where to**

❷ (1) **where to** (2) **where，go**

(3) **where to**

❸ (1) **where to** (2) **to skate**

(3) **where，eat[have]**

❹ (1) あなたはそのくつをどこで買うべきか知っていますか。

(2) 私たちは明日，どこで会うべきかについて考えています。

(3) どこでバスに乗るべきか私に教えてください。

❺ (1) **Do you know where to borrow this book?**

(2) **He is wondering where to stay.**

(3) **Can you tell me where to sit?**

❻ (1) **I know where to practice soccer.**

(2) **Does she know where to study music?**

(3) **Let's ask him where to go.**

(4) **He told me where to live.**

解き方

❶ 「どこで[へ]～すべきか[したらよいか]」は〈**where to**＋動詞の原形〉で表します。

(2) この文のように，〈疑問詞＋to＋動詞の原形〉は前置詞の目的語になることもできます。

❸ (1) 日本語訳 「彼女はどこでその映画を見るべきか知っています」

(2) 日本語訳 「私はどこでスケートをするべきか決められません」

(3) 日本語訳 「彼は私に今晩どこで夕食を食べるべきかたずねました」

❹ (2) think about ～で「～について考える」という意味です。

❺ (2) wonder は「～だろうかと思う」という意味です。ここでは現在進行形の文になっています。

53 when to ～

本冊 p.108

❶ (1) **when** (2) **to drink**

(3) **when to**

❷ (1) **when to** (2) **when, use**

(3) **when to**

❸ (1) **when to** (2) **to take**

(3) **when to return**

❹ (1) あなたはいつ彼女を手伝うべきか知っていますか。

(2) 彼女はいつ電車に乗るべきか知りません。

(3) 彼は私にいつ休憩を取るべきか教えてくれました。

❺ (1) **I know when to send this e-mail.**

(2) **Let's ask him when to leave for the airport.**

(3) **Can you tell me when to make lunch?**

❻ (1) **I can't[cannot] decide when to call her.**

(2) **Do you know when to close these windows?**

(3) **I asked my mother when to take a bath.**

(4) **She told me when to practice the piano.**

解き方

❶ 「いつ～すべきか[したらよいか]」は〈**when to**＋動詞の原形〉で表します。

❸ (1) 日本語訳 「私はいつ彼に会うべきか知っています」

(2) 日本語訳 「いつ写真を撮るべきか私に教えて」

(3) 「～を返す」は，return で表します。

日本語訳 「ジャックはあなたにいつその本を返すべきかたずねましたか」

❺ (2) 「～へ出発する」は leave for ～で表します。

54 which to ～

本冊 p.110

❶ (1) **which** (2) **to talk**

(3) **which computer**

❷ (1) **which to** (2) **which song**

(3) **which, to**

❸ (1) **which to try**

(2) **which country to**

❹ (1) 彼はどちらを送るべきか知りません。

(2) 彼女はどちらの箱を開けるべきか知っています。
(3) 私はどちらのかぎを使うべきか忘れてしまいました。

❺ (1) **Do you know which to practice?**
(2) **I wonder which bus to take.**
(3) **Can you show me which shop to visit?**

❻ (1) **I don't know which to buy.**
(2) **She didn't know which to study.**
(3) **Tell me which book to read.**
(4) **Can you decide which movie to watch[see]?**

解き方

❶ 「どちらを～すべきか[したらよいか]」は〈**which to**＋動詞の原形〉で,「どちらの(名詞)を～すべきか[したらよいか]」は〈**which**＋名詞＋**to**＋動詞の原形〉で表します。

❷ (2) 「どちらの歌を～すべきか」なので,which の後ろに song「歌」を置き,そのあとに〈to＋動詞の原形〉を続けます。

❸ (1) 日本語訳 「次はどちらに挑戦すべきか私に教えてください」
(2) 日本語訳 「アリスはあなたにどちらの国に行くべきか教えましたか」

❹ (3) forgot は forget「～を忘れる」の過去形です。

❺ (1) 「どちらを練習するべきか」なので,which to practice と並べ,これを文全体の動詞 know の目的語にします。

55 受け身

本冊 p.112

❶ (1) **cleaned** (2) **used** (3) **loved**
(4) **made** (5) **taken** (6) **seen**
(7) **written** (8) **read**

❷ (1) ウ (2) ア (3) イ

❸ (1) **taught** (2) **are written**
(3) **is visited by**

❹ (1) 中国語はこの国で話され(てい)ます。
(2) この自転車は私の母に(よって)使われ(てい)ます。
(3) これらの歌は世界中で歌われ(てい)ます。
(4) これらのテレビゲームは多くの若者に(よって)愛され(てい)ます。

❺ (1) **These rooms are cleaned by Lisa.**
(2) **The park is visited by many people on weekends.**
(3) **The Japanese writer is known all over the world.**

❻ (1) **This desk is used by Takumi.**
(2) **This bird is seen in spring.**
(3) **Eggs are sold at[in] that store [shop].**
(4) **The dishes are washed[done] by my father.**

解き方

❶ (4) make-made-made と変化します。
(5) take-took-taken と変化します。
(6) see-saw-seen と変化します。
(7) write-wrote-written と変化します。
(8) read[リード]-read[レッド]-read[レッド]と変化します。

❷ 「～される」という受け身は〈**be** 動詞＋過去分詞〉で表します。
(3) 「～に(よって)…される」と行為者を示す場合は,〈**by**＋人〉で表します。

❹ (1) spoken は speak の過去分詞です。speak-spoke-spoken と変化します。
(3) sung は sing の過去分詞です。sing-sang-sung と変化します。

❺ 「…は(―によって)～され(てい)ます」という現在の受け身の文は〈主語＋am[is, are]＋過去分詞(＋by＋人)～.〉の語順です。
(3) known は know の過去分詞です。know-knew-known と変化します。

❻ (2) 「春に」は in spring で表します。
(3) 店では不特定の卵が複数売られていると考えられるため,冠詞をつけずに eggs と複数にします。sell「～を売る」は sell-sold-sold と変

化します。

56 受け身の時制

本冊 p.114

❶ (1) ア　(2) ウ　(3) イ

❷ (1) **was taken**　(2) **are used**
(3) **will be invited**

❸ (1) **is studied**　(2) **were written**
(3) **will be cooked**

❹ (1) 私の家は 10 年前に建てられました。
(2) これらの車は月に 1 回洗われ(てい)ます。
(3) このペンはソファの下で見つけられました。
(4) 彼の誕生日パーティーは来週，開かれるでしょう。

❺ (1) **The book will be published next month.**
(2) **These pictures were painted by my grandmother.**
(3) **The boy is called Tomo by his friends.**

❻ (1) **Many[A lot of] languages are spoken in India.**
(2) **This room was cleaned by my brother.**
(3) **The book will be returned tomorrow.**
(4) **These pictures were taken by Sae.**

解き方

❶ (2) 「～されるだろう」という未来の受け身の文は〈will be＋過去分詞〉で表します。
(3) 「～された」という過去の受け身の文は〈was[were]＋過去分詞〉で表します。

❸ (1) 日本語訳 「その生徒たちは日本語を勉強しています」→「日本語はその生徒たちに勉強されています」
(2) 日本語訳 「彼はこれらの本を書きました」→「これらの本は彼によって書かれました」
(3) 日本語訳 「私の母は昼食を作るでしょう」→「昼食は私の母によって作られるでしょう」

❹ (1) built は build「～を建てる」の過去分詞です。build-built-built と変化します。
(2) ここでの a は「～につき」という意味です。
(3) found は find「～を見つける」の過去分詞です。find-found-found と変化します。
(4) held は hold「(会など)を開く」の過去分詞です。hold-held-held と変化します。

❺ (1) publish は「～を出版する」という意味です。
(3) 〈call＋人＋名前〉「(人)を(名前)と呼ぶ」を〈人〉を主語にした受け身の文にするときは，〈人＋be 動詞＋called＋名前.〉となります。

57 受け身の否定文

本冊 p.116

❶ (1) イ　(2) イ　(3) ウ

❷ (1) **isn't spoken**　(2) **weren't taken**
(3) **won't be liked**

❸ (1) **isn't visited**
(2) **won't be delivered**
(3) **weren't invited**

❹ (1) その動物は日本では見られません。
(2) このコンピューターは昨日，使われませんでした。
(3) 夕食は今夜，私の母に(よって)作られないでしょう。
(4) これらの本は難しい英語では書かれていません。

❺ (1) **Those shoes are not sold at this store.**
(2) **I wasn't told the story.**
(3) **The problem won't be discussed today.**

❻ (1) **This temple was not built a long time ago.**
(2) **The actor isn't known in Japan.**
(3) **This gate will not be opened today.**
(4) **I won't be taken to the zoo by my parents.**

解き方

❶ (1) **〈be 動詞＋not＋過去分詞〉**は受け身の否定文で，「～されない」という意味です。
日本語訳 「これらの机は今は使われていません」

(2) 日本語訳 「その歌はコンサートで歌われませんでした」

(3) 未来の受け身の文〈will be＋過去分詞〉の否定文は〈will not[won't] be＋過去分詞〉となります。driven は drive の過去分詞です。drive-drove-driven と変化します。

日本語訳 「その車は私の兄には運転されないでしょう」

❸ (1) 日本語訳 「この町は冬に多くの人々に訪れられます」→「この町は冬には多くの人々に訪れられません」

(2) 日本語訳 「その手紙は今日，配達されるでしょう」→「その手紙は今日は配達されないでしょう」

(3) 日本語訳 「私たちはパーティーに招待されました」→「私たちはパーティーに招待されませんでした」

❺ (2) 〈tell＋人＋もの〉「(人)に(もの)を教える[伝える]」の〈人〉を主語にした受け身の文になります。なお，目的語が２つある文は，２通りの受け身の文を作ることができます。

(例) He told us the story.

→〈人〉を主語に：We were told the story by him.

→〈もの〉を主語に：The story was told (to) us by him.

❻ (4) 〈take＋人＋to ～〉「(人)を～に連れていく」の〈人〉を主語にして文を作ります。

58 受け身の疑問文と答え方 本冊 p.118

❶ (1) ア (2) イ (3) イ

❷ (1) **is** (2) **they were**

(3) **it wasn't**

❸ (1) **Is, written** (2) **Was, liked**

(3) **Where are, made**

❹ (1) その映画は世界中で見られ(てい)ますか。

(2) これらのカップはあなた(たち)のお父さんに(よって)洗われましたか。

(3) 何人の人がパーティーに招待され(てい)ますか。

(4) それらのイヌはスミスさん[先生]に(よって)世話され(てい)ますか。

❺ (1) **Is breakfast always cooked by him?**

(2) **When was the radio invented?**

(3) **Were you given the bag by your mother?**

❻ (1) **Are English and French spoken in Canada?**

(2) **Yes, they are.**

(3) **Was this picture taken by Nick?**

(4) **No, it was not[wasn't].**

解き方

❶ (1) 日本語訳 「これらの本は多くの若者に愛されていますか」

(2) 日本語訳 「この部屋は昨日，掃除されましたか」

(3) 文が Is で始まっているので現在の受け身の疑問文と判断し，過去分詞の called を選びます。

日本語訳 「その女の子はクラスメートにチカと呼ばれていますか」

❷ 受け身の疑問文への答え方は，be 動詞の疑問文への答え方と同じです。

(1) 日本語訳 「このコンピューターはあなたのお姉さんに使われていますか」「はい，使われています」

(2) 日本語訳 「あれらの建物は５年前に建てられましたか」「はい，建てられました」

(3) 日本語訳 「数学は昨年，中野先生によって教えられていましたか」「いいえ，教えられていませんでした」

❸ 受け身の疑問文は，be 動詞を主語の前に出して作ります。過去分詞の形はかわりません。

(1) 日本語訳 「この手紙は日本語で書かれています」→「この手紙は日本語で書かれていますか」

(2) 日本語訳 「彼はみんなに好かれていました」→「彼はみんなに好かれていましたか」

(3) 下線部を「どこ」とたずねる文にするので，Where で文を始め，疑問文の語順を続けます。

日本語訳 「これらの腕時計はイギリスで作られています」→「これらの腕時計はどこで作られていますか」

❹ (3) 〈how many＋名詞の複数形〉が主語になっている疑問文です。

❺ (2) invent は「～を発明する」という意味です。

(3) 「かばんをもらった」という日本文ですが，語群に given という過去分詞があるので，「かばんを与えられた」と受け身の文として考えます。give は give-gave-given と変化します。

59 by を用いない受け身

本冊 p.120

❶ (1) **to** (2) **with** (3) **from**

❷ (1) **covered with** (2) **made of**
(3) **interested in** (4) **known for**

❸ (1) **at** (2) **as**

❹ (1) その歌手は力強い声で知られています。
(2) (その)テーブルは白い布でおおわれていました。
(3) 私はこの新しい映画に興味があります。
(4) このいすはプラスチックでできています。

❺ (1) **The hill is covered with trees.**
(2) **Chocolate is made from cacao beans.**
(3) **We were surprised at the loud noise.**

❻ (1) **The cup was filled with coffee.**
(2) **The soccer players are known to many Japanese people.**
(3) **Is cheese made from milk?**
(4) **She is not interested in music.**

解き方

❶ (1) **be known to** ～で「～に知られている」と，知られている対象(特定の人や集団など)を表します。

(2) **be filled with** ～で「～で満たされている」という意味になります。形容詞 full を使った **be full of** ～「～でいっぱいである」と区別しましょう。

(3) 「～で[から]できている」は **be made of** ～か **be made from** ～で表すことができます。ワインはブドウのもとの形がかわっているので，from を使います。

❷ (1) 「～でおおわれている」は **be covered with** ～で表します。

(3) 「～に興味がある」は **be interested in** ～で表します。形容詞 interested「興味を持っている」は，動詞 interest「～に興味を持たせる」の過去分詞が形容詞化したものです。

(4) 「～で知られている」と知られている理由などを表すときは，**be known for** ～を使います。

❸ (1) 「～に驚く」と見たり聞いたりして驚いた対象を表すときは **be surprised at** ～を使います。形容詞 surprised「驚いた」は，動詞 surprise「～を驚かせる」の過去分詞が形容詞化したものです。

日本語訳 「私はその知らせを聞いて驚きました」→「私はその知らせに驚きました」

(2) 「～として知られている」とその人がどのような立場や呼び名で知られているのかを表すときは **be known as** ～を使います。

日本語訳 「彼女は有名な科学者です」→「彼女は科学者としてよく知られています」

❺ (1) 不要語は by。

(2) チョコレートは見た目からは原料がわからないので，be made from ～を使います。(不要語：of)

(3) 不要語は in。

60 まとめのテスト❸

本冊 p.122

❶ (1) イ (2) ア (3) イ

❷ (1) **the earliest in**
(2) **was given, by** (3) **as heavy as**

❸ (1) **where to practice**
(2) **younger than** (3) **the best**
(4) **isn't made by**

❹ (1) 彼は4人の中でいちばん多くのドーナツを食べました。
(2) あなたはどちらの駅で電車を乗り換えるべきか知っていますか。
(3) 私の仕事のスケジュールは明日，決められる[決まる]でしょう。
(4) これらの写真はいつ撮られましたか。

❺ (1) **I don't know what to talk about.**
(2) **I'm not as busy as you.**
(3) **The writer is known to people**

all over the world.

❻ (1) **The novel was more interesting than that one[novel].**

(2) **We don't know when to tell him the fact.**

(3) **She likes rice better than bread.**

(4) **Was this book written by your brother?**

解き方

❷ (2) 〈give＋人＋もの〉の〈もの〉を主語にした受け身の文です。日本文は「父から」ですが，「与える」という行為を行った人なので，「父によって」と考えて by ～で表します。

❸ (1) 日本語訳 「トモキは私に『ぼくはどこでサッカーを練習すべきですか』とたずねました」→「トモキは私にどこでサッカーを練習すべきかたずねました」

(2) 主語がトムからエマになるので，old の反対語 young を使って比較の文を作ります。

日本語訳 「トムはエマよりも年上です」→「エマはトムよりも若いです」

(3) テニスのうまさはクミ＜ユカ＜ショウコなので，これを最上級の文で表します。

日本語訳 「ユカはクミよりもじょうずにテニスをします。ショウコはユカよりもじょうずにテニスをします」→「ショウコは３人の中でいちばんじょうずにテニスをします」

(4) 日本語訳 「彼は朝食を作りません」→「朝食は彼によって作られません」

❹ (2) 文末に at「～で」があるので，「どちらの駅で～すべきか」という意味になります。

チャレンジテスト❶

本冊 p.124

1 (1) イ　(2) ウ　(3) ア

(4) ウ　(5) ア

2 (1) **When was, built**

(2) **how to use**

(3)① **Do, have to**　② **don't**

(4) **hot to drink**

(5) **Would, to have**

3 (1) **was there to take**

(2) **you do before going to**

(3) **easy for me to answer**

4 (1) **will stop raining**

(2) **is as important**

(3) **are going to**

解き方

2 (1) 日本語訳 「この寺は約 200 年前に建てられました」→「この寺はいつ建てられましたか」

(2) 上の文の the way「その方法」は機械を使う方法を指しているので，〈how to＋動詞の原形〉「～のしかた」を使って書きかえます。

日本語訳 「私はどうやってこの機械を使うことができますか。その方法を私に教えてください」→「この機械の使い方を私に教えてください」

(3) 日本語訳 「私はこの部屋を掃除しなければいけません」→「私はこの部屋を掃除しなければいけませんか」「いいえ，その必要はありません」

(4) 日本語訳 「何か温かい飲み物を買いましょう」

(5) 日本語訳 「私たちといっしょに昼食を食べるのはどうですか」→「私たちといっしょに昼食を食べてはいかがですか」

3 (1) 副詞的用法の不定詞で目的を表します。

日本語訳

A：私は昨日の朝７時に，富山駅の近くであなたを見ました。

B：私は７時 19 分の新幹線に乗るためにそこにいました。

A：なるほど。どこに行ったのですか。

(2) 文末の bed から going to bed と並ぶことがわかるので，この動名詞句を前置詞 before のあとに置きます。(不要語：watching)

日本語訳

A：あなたは寝る前に何をしますか。

B：私はふつうテレビでニュースを見ます。

(3) 日本語訳

A：数学のテストはとても難しかったです。

B：本当ですか。私にはすべての問題に答えることは簡単でした。

A：まあ，私はテストを終わらせる時間がありませんでしたよ。

4 (1) 明日，雨が降ることを心配しているパトリシアに対して，エリコが Don't worry.「心配しないで」と言っているので，「明日の朝に雨はやむでしょう」という内容にします。stop は動名詞を目的語にとります。

日本語訳

パトリシア：私は明日，キャンプに行くつもりです。でも，今日の夕方は雨が降ると聞いています。

エリコ：心配しないで。明日の朝に雨はやむでしょう。天気予報がそう言っていました。

(2) あとに as があるので，as ～ as ...「…と同じくらい～」の形にします。主語になる動名詞は単数扱いなので，be 動詞は is を使います。

日本語訳

ナンシー：私はいつも 10 時に寝ます。よく眠ることは大切だと思います。

マイコ：賛成です。そして，私は朝食を食べることはよく眠ることと同じくらい大切だと思います。だから私は毎朝朝食を食べます。

(3) 夏休みの予定について話している場面なので，〈be going to＋動詞の原形〉の形にします。

日本語訳

リー先生：あなたは何か夏休みの計画はありますか，アユミ。

アユミ：はい。母と私は奈良の祖父の家を訪れる予定です。

チャレンジテスト❷

本冊 p.126

1 (1) **were** (2) **hottest**
(3) **practicing**

2 (1) ウ (2) エ (3) ア
(4) エ (5) エ

3 (1) **did you want to be**（不要語：**work**）
(2) **Do you think your father can use**
(3) **What will the weather be like**
(4) **is to go shopping**

4 (1) 例 **Aozora Town is famous [known] for Mt. Hikari.**
(2) 例 **If you climb Mt. Hikari in spring, you can see many[a lot of] beautiful flowers.**
(3) 例 **The restaurant near Mt. Hikari is the most popular in Aozora Town.**

解き方

1 (1) 20 years ago「20 年前」とあるので過去の文です。

日本語訳

A：20 年前，このあたりにはたくさんの木がありました。

B：本当ですか。今は高い建物しか見えませんね。

(2) 前に the があるので最上級の文にします。

日本語訳

A：明日は今月でいちばん暑い日になると聞いています。

B：わあ！ 私は暑い日が好きではないんです。

(3) 前置詞のあとに動詞を続ける場合は動名詞にします。

日本語訳

A：ルーシーとサムはじょうずにおどりますよね。

B：そうですね！ でも，私たちは何度も練習しなくては彼らのようにおどることはできません。

2 (1) 日本語訳

A：公園にたくさんの子どもたちがいますね。なぜですか。

B：今日は夏祭りがあるんです。

(2) 日本語訳

A：あなたはとてもじょうずにピアノを弾きますね。

B：ありがとう。あなたはこの歌を歌うことができますか。

A：はい。この歌は日本ではよく音楽の授業で歌われます。

B：まあ，本当ですか。歌ってください。私がピアノを弾きます。

(3) 感情を表す形容詞のあとに副詞的用法の不定詞〈to＋動詞の原形〉を続けて，感情の原因・理由を表すことができます。

日本語訳

A：手伝ってくれてありがとう。

B：どういたしまして。あなたのお手伝いができてとてもうれしいです。

(4) 1 文目から，図書室ではものを食べてはいけないことが読み取れます。「～してはいけない」は must の否定文で表します。

日本語訳 「学校の図書室に食べ物を持っていかないでください。そこではものを食べてはいけません」

(5) 日本語訳 「あなたはどの学校行事がいちばん好きですか」

3 (1) 日本語訳

A：あなたは子どものころ，何になりたかったですか。

B：医者です。私はたくさんの人々を助けることに興味がありました。

(2) **日本語訳**

ヨシエ：あなたのお父さんはこのコンピューターを使うことができると思いますか。

デイヴィッド：はい。彼はよくそれでＥメールを書きます。

(3) What で文を始め，will の疑問文の語順を続けます。ここでの like は「～のような」という意味の前置詞なので，be のあとに置きます。「～のような」の「～」を what でたずね，「どのようでしょうか」という意味になります。

日本語訳

A：明日の天気はどのようになるでしょうか。

B：晴れるでしょう。

(4) **日本語訳**

A：あなたの今週末の計画は何ですか。

B：私の計画は姉と買い物に行くことです。